esotera

Taschenbücherei
im Verlag Hermann Bauer

Mit dieser Reihe, in der jährlich etwa acht Titel erscheinen, macht der Verlag Hermann Bauer dem interessierten Leser bedeutende Werke aus Bereichen der Esoterik und Grenzwissenschaften zu ungewöhnlich günstigen Preisen zugänglich. Der Schwerpunkt bei der Auswahl für die *esotera-Taschenbücherei* liegt auf Titeln, die dem Leser auf leicht faßliche und umfassende Weise esoterisches Wissen vermitteln, das er auch in seinem Leben anwenden kann. Die Auswahl der Werke erfolgt auf Vorschlag und in enger Zusammenarbeit mit der Redaktion der in Europa führenden grenzwissenschaftlichen Fachzeitschrift *esotera*; ein Teil der Neuveröffentlichungen geht direkt aus der redaktionellen Arbeit von *esotera* hervor.

Bisher sind erschienen:
Arabi: Die Reise zum Herrn der Macht
Archarion: Von wahrer Alchemie
Brahmachari: Yoga hilft heilen
Brunton: Entdecke dich selbst
Edwards: Geistheilung
Findley: Beweise für ein Leben nach dem Tod
Gauquelin: Kosmische Einflüsse auf menschliches Verhalten
Geisler (Hrsg.): New Age – Zeugnisse der Zeitenwende
Geisler (Hrsg.): Paramedizin – Andere Wege des Heilens
Halpern: Klang als heilende Kraft
Lu K'uan Yü: Geheimnisse der chinesischen Meditation
Lütge: Carlos Castaneda und die Lehren des Don Juan
Prantl: Licht aus der Herzmitte
Ramm-Bonwitt: Yoga Nidra – Der Schlaf der Yogis
Reifler: Das I-Ging-Orakel
Schäfer: Stimmen aus einer anderen Welt
Sterneder: Tierkreisgeheimnis und Menschenleben
Sterneder: Der Wunderapostel
Wirth: Lexikon der Lebensweisheit
Zeisel: Entschleierte Mystik

Maria Wirth

Lexikon der Lebensweisheit

Verlag Hermann Bauer
Freiburg im Breisgau

CIP-Kurztitelaufnahme der Deutschen Bibliothek

Wirth, Maria:
Lexikon der Lebensweisheit / Maria Wirth. –
1. Aufl. – Freiburg im Breisgau : Bauer, 1985.
(esotera-Taschenbücherei)
ISBN 3-7626-0618-8
NE: HST

Mit 25 Zeichnungen von Raymond Schneider.

Die *esotera-Taschenbücherei* erscheint im
Verlag Hermann Bauer, Freiburg im Breisgau.

1. Auflage 1985

Satz: Typo Tausend GmbH, Nürnberg.
Druck und Bindung: May & Co Nachf., Darmstadt.
Printed in Germany.

ISBN 3-7626-0618-8

Dies ist ein recht ungewöhnliches Lexikon. Es behandelt Begriffe, die wir überwiegend gut kennen und bei denen kaum jemand auf die Idee käme, sie irgendwo nachzuschlagen. Man hat, so scheint es, eine feste Vorstellung davon. Doch die Begriffswelt ist eine Welt »aus zweiter Hand«. Sie ist nicht die Wirklichkeit, aber sie versucht, auf diese zu zeigen. Daher ist es durchaus sinnvoll, in ihr Klarheit zu schaffen und zu überprüfen, ob der Blickwinkel, unter dem wir auf diese Welt schauen, möglicherweise einer Korrektur bedarf, damit eine bessere Chance entsteht, tatsächlich die Wirklichkeit zu sehen.

Es gibt keine in Begriffe faßbare absolute Wahrheit, und doch gibt es so etwas wie eine in Begriffe gefaßte zeitlose, universal gültige Weisheit, die mit dem Finger vergleichbar ist, der auf den Stern zeigt, das Erkennen des Sterns jedoch völlig uns überläßt. Diese Weisheit wurde im Osten wie im Westen formuliert. Die Autorin betont hier die östliche Weisheit besonders stark, weil sie ihr in den letzten Jahren in Indien frei von irritierenden Assoziationen aus »Kindheit und Kirche« begegnen konnte.

Dieses Lexikon ist ihr Versuch, Begriffe aus dem Blickwinkel dieser Weisheit zu beleuchten und damit möglicherweise das bisherige Selbstverständnis von ihnen aufzusprengen. Die Quellen, auf die sie sich bezieht und die in der recht pauschalen Redewendung »die Weisen sagen« ihren Ausdruck finden, sind die Bhagavadgita, einige Upanishaden und Aussagen »moderner« Weiser wie zum Beispiel Ramakrishna, Ramana Maharshi, Sri Anandamayi Ma, Dalai Lama, Ram Dass, Sri Aurobindo, Sivananda . . . Es handelt sich um Fingerzeige, aber es lohnt, sich den erreichbaren Stern von den wahren Weisen zeigen zu lassen.

Maria Wirth, geboren 1950 in Hilpoltstein, Diplom-Psychologin. Nach dem Abitur bis zum Beginn des Psychologiestudiums viele Reisen von Chile bis Indonesien, erleichtert durch Ausbildung bei der Lufthansa. Seit dem Psychologiestudium 1979 Aufenthalte im Osten, hauptsächlich in Indien – Aufenthalte ohne Struktur und Plan, jedoch Begegnungen mit vielen der spirituellen Meister, alten und neueren Schriften der östlichen Weisheit – und daraus folgend der Versuch, diese Weisheit im Leben umzusetzen und über »Einsichten« zu informieren.

Inhalt

Ärger

Ärger – das ist ein weites Feld und uns allen wohl sehr vertraut. Seine Ausdrucksformen reichen vom leichten Stirnrunzeln bis hin zum unkontrollierten Tellerwerfen. Irgend etwas paßt uns nicht – und wie oft kommt das vor! Dabei merken wir gar nicht, daß die Tatsache, daß es uns nicht paßt, an der Situation gar nichts ändert, daß wir uns nur selbst schaden und häßlich machen. Die Weisen sagen sogar: Ärger ist ein Tor zur Selbstzerstörung. Wenn es stimmt, dann scheinen wir alle munter dabei zu sein, uns zu zerstören, denn uns ging das Wissen verloren, wie wir dem Ärger entgehen können. Wir denken heute vielmehr, wir müssen uns ärgern und haben nur die Wahl zwischen »ausdrücken« und »unterdrükken«. Die Weisen zeigen uns, wie wir den Ärger gar nicht erst aufkommen zu lassen brauchen. Nimm alles, wie es kommt – raten sie –, ruhig und in dem Wissen, daß es so schon richtig ist, denn mit Ärger wirst du weder die Welt noch einen anderen Menschen verändern. Vertrau Gott, daß er schon weiß, was er dir zumutet. Dein Part ist nur, damit »richtig« umzugehen, es zu nutzen auf dem Weg zu deinem Ziel. Ärger zieht dich ganz bestimmt in die andere, die falsche Richtung.

Alleinsein

Bist du ganz allein hier in Indien? Wie oft und ungläubig ich das schon gefragt wurde! Natürlich bin ich nicht allein – gerade in Indien ist es so gut wie unmöglich, allein zu sein. Doch nicht wegen der vielen Menschen überall, vielmehr wegen der alten Weisheit: Du bist nicht allein, warst nie allein und wirst nie allein sein, sagt sie. Er ist bei dir, darauf kannst du dich verlassen – und Er ist dein bester Freund.

Sicher, wir sind gewohnt, uns auf unsere Sinneswahrnehmung zu verlassen, die sagt, daß wir »ganz allein« sind, wenn niemand da ist, zu dem wir eine einigermaßen vertraute Beziehung haben. Wir suchen dann vertraute Beziehungen zu anderen und gucken an unserer vertrautesten und »immerwährenden» Beziehung glatt vorbei: an unserem Selbst beziehungsweise an Gott. Die Beziehung zu Ihm sollten wir uns vergegenwärtigen und dadurch schätzen lernen, raten die Weisen. Das geht am Anfang zumindest leichter, wenn wir unsere ganze Aufmerksamkeit auf Ihn richten können, daß heißt, wenn wir »mit Ihm allein« sind. So können wir leichter erkennen, daß in Wahrheit alles eins (all-ein) ist, daß wir alle mit Ihm eins sind. Plötzlich hat »allein sein« einen ganz anderen Klang, und das, was wir bisher darunter verstanden, kann uns nicht mehr passieren – es war ohnehin nur Vorstellung.

Angst

Mit der Angst leben, das scheint heute fast unausweichlich – mit der Angst vor Krieg, Verbrechen, mit den vielen persönlichen Ängsten wie der Angst, nicht gemocht zu werden, mit der Angst vor dem Tod... Unser Leben scheint voll von Angst. Und doch – die Weisen sagen, alle unsere Ängste kommen daher, daß wir blind gegenüber der Wahrheit sind. Wenn wir wüßten, wer wir in Wahrheit sind, wie könnten wir Angst haben? Wir müssen unser Leben sehen wie eine Rolle, die ein Schauspieler auf der Bühne spielt. Worauf es für ihn ankommt, ist, daß er »gut« spielt. Es kommt nicht darauf an, was ihm da alles auf der Bühne widerfährt: Armut, Überfall, vielleicht sogar Mord. Die Rolle, die für ihn bestimmt ist, kann er nicht ändern, aber das akzeptiert er, denn er weiß, daß das Spiel temporär ist, daß es ihn in Wahrheit gar nicht berührt. Genauso sind wir in Wahrheit von dem, was uns hier auf der Welt geschieht, nicht betroffen. Es berührt uns nur scheinbar – dieser Schein allerdings zieht uns völlig in seinen Bann, wie wir alle aus Erfahrung wissen. Es bedarf großer Anstrengung, die Wahrheit, daß wir eins mit allem sind und folglich absolut keinen Grund zur Angst haben, zu realisieren.

Arbeit

Mein ganzes Leben besteht nur aus Arbeit – seufzte kürzlich eine Frau neben mir an einer Bushaltestelle. Was heißt »Arbeit« eigentlich für uns? Hauptsächlich wohl »Job« oder »Hausarbeit«. Die Weisen haben eine andere Vorstellung von Arbeit: Arbeit, sagen sie, ist das, was uns näher zu Gott bringt. Alle anderen Aktivitäten, auf die wir oft so stolz sind, laufen sozusagen ohne unser Zutun ab. Sie sind ein Spiel der Kräfte (Gunas), mit denen wir uns fälschlicherweise identifizieren. Das, was diese Identifizierung brechen und uns mit dem, was wir wirklich sind, identifizieren hilft, ist echte Arbeit. Was das alles ist, kann jeder für sich am besten entscheiden – sofern er auf seine innere Stimme hört. Diese Arbeit ist in jedem Moment möglich, auch in der Freizeit. Es kann zum Beispiel Arbeit sein, dem, der mich absichtlich anrempelte, (trotzdem) alles Gute zu wünschen, oder den unbeliebten Kollegen ehrlich akzeptieren (zumindest) zu wollen. Es kann heißen, den Job so gut wie möglich zu machen oder auch ihn aufzugeben. Kurz, es bedeutet, den Kontakt zu der inneren Stimme zu halten und sich nach ihr zu richten. Das ist nicht immer leicht, aber es ist Arbeit, die sich im Endeffekt lohnt. Geld und Ansehen sind für Weise keine lohnenden Ziele. Ihr Ziel ist ewiges Glück. Es ist für jeden erreichbar, sagen sie, allerdings nicht ohne »echte Arbeit«.

Aufmerksamkeit

Es wird uns von Kindheit an gelehrt: Wir müssen aufmerksam sein, wenn wir im Leben etwas erreichen wollen. Wir geben uns Mühe, aufmerksam zu sein – in der Schule, im Verkehr, im Beruf, in Gesprächen...

Auch die Weisen sagen: Wir müssen aufmerksam sein, wenn wir die Wahrheit erreichen wollen. Doch statt unsere Aufmerksamkeit nach »draußen« zu wenden, sollten wir sie auf uns selbst richten, denn dort, in uns, können wir die Wahrheit erkennen. Dazu müssen wir natürlich wissen, was in uns vorgeht. Die Weisen sagen uns, worauf wir achten sollten: Zum einen darauf, wie wir jetzt in diesem Moment unseren Körper halten; was wir mit den Sinnen wahrnehmen; wie es in unseren Gefühlen aussieht und schließlich, was uns an Ideen, Vorstellungen und Gedanken durch den Kopf geht. Auf diese vier Bereiche sollten wir ständig achten. Das hat seinen guten Grund: Wenn wir auf unseren Körper und unsere Bewußtseinsvorgänge achten, identifizieren wir uns in diesem Moment nicht mit Körper und Denkvorgängen. Diese fälschliche Identifizierung hindert uns daran, zu erkennen, wer wir wirklich sind, sagen die Weisen. Wenn wir nun *ständig* aufmerksam sind, gehört diese Identifizierung endgültig der Vergangenheit an. Dafür brauchen wir nicht einmal ständig aufmerksam sein: selbst sieben Tage genügen...

Avatar

Wann immer das Gesetz in Gefahr ist, kommt ein Avatar, daß heißt, ein *Gott in Menschengestalt*, auf die Erde, wird in den indischen Schriften versichert. Auch in unserer Tradition ist die Vorstellung vertraut, daß Gott persönlich auf die Erde kommt; allerdings beziehen wir das auf den einmaligen Fall – Christus. Wir mögen das für ihn gelten lassen, doch ist das bereits zweitausend Jahre her und ohnehin kaum vorstellbar. Aber daß heute, in unserer Zeit, Gott auf Erden wandeln könnte, erscheint vielen von uns absurd. Nicht so für die Inder. Sie halten Avatare nicht nur generell für möglich, sondern weisen in diesem Zusammenhang gleich auf einige Gestalten in unserer Zeit. Daß es nun mehrere Avatare, alle ausgerechnet in Indien, geben soll, trägt wahrscheinlich nicht dazu bei, uns unsere Skepsis zu nehmen. Aber ich glaube, wir sollten es mit Offenheit versuchen: Der Unterschied zwischen einem Avatar und uns ist, daß er *weiß*, daß er Gott ist, während wir das nur intellektuell schlußfolgern. Ob er es nun tatsächlich weiß, können wir nicht objektiv überprüfen. Das bedeutet zum einen, daß es möglich ist, zum andern, daß es keinen Sinn hat, sich eine Meinung um der Meinung willen zu bilden. Doch wenn wir uns zu einem sogenannten Avatar hingezogen fühlen, müssen wir unser Inneres und ihn genau beobachten. Sind wir sicher, daß er »reine Absichten« hat, ja, daß er uns durch und durch kennt? Entdecken wir, daß wir ihn mögen? Dann können wir uns beruhigt seiner Führung anvertrauen.

Bedürfnisse

Kann es ein, daß uns unser grundlegendstes Bedürfnis gar nicht so klar ist? Die Weisen stellen uns diese Frage und treffen damit inzwischen auf offene Ohren, denn, obwohl sich die Psychologen viel Mühe gaben, unsere Bedürfnisse zu erfassen und zu kategorisieren – irgend etwas fehlt, ahnen wir. Wir spüren einen Mangel, auch wenn wir das, was wir angeblich brauchen, haben. Auch das Motto: »die eigenen Bedürfnisse erkennen und durchsetzen« half nicht viel weiter, brachte eher den zusätzlichen Streß, ständig auf dem laufenden sein zu müssen, um zu erkennen, was gerade unser Bedürfnis ist.

Die Weisen behaupten zu wissen, was uns fehlt. Ja, wir wissen es im Grunde auch schon – zumindest verbal, denn es ging in den sechziger Jahren rund um die Welt: »All you need is love.« Nur die Bedeutung haben wir nicht ganz verstanden, sagen die Weisen und erklären: Liebe ist unser wahres Zuhause. Wir müssen uns aufmachen, »Nach Hause« zu gehen, zurück zur Einheit, weg vom Sich-als-getrennt-Erleben. Wir sind wie der Prinz, der unter Bettlern aufwächst, aber tief in sich eine Ahnung hat, daß sein wahres Zuhause woanders, und viel viel schöner ist. Wenn wir uns um dieses unser primäres Bedürfnis kümmern, wird der Mangel ein für allemal verschwinden. Was wir sonst brauchen (wie Essen, Kleidung, Wohnung), bekommen wir dann automatisch; das wird nicht nur in den indischen Schriften versichert.

Besitz

Manchmal wissen wir es plötzlich nicht mehr so genau: Ist Besitz eigentlich ein Segen oder ein Fluch? Doch der Zweifel wird meist beiseite geschoben – natürlich ist Besitz ein Segen, denn was wären wir ohne ihn. Je mehr Besitz, desto mehr sind wir wert. Schon sind wir wieder dabei, Besitz zu erwerben beziehungsweise ihn zu schützen. Vielleicht sollten wir einmal darüber nachdenken, was uns Besitz bedeutet. Sind wir auf ihn angewiesen? Was wäre, wenn er uns heute genommen würde? Entsetzen? Wenn ja, dann haben wir uns von ihm bereits an die Kette legen lassen, wir »hängen« an ihm und sind dadurch nicht mehr frei. Besitz – so die Weisen – sollten wir nur als geliehen betrachten. Er ist für eine begrenzte Zeit in unserer Obhut, und wenn er uns genommen wird, dann ist eben diese Zeit vorbei. Dankbar sein und uns freuen an dem, was wir haben, dabei nicht vergessen, woher wir wirklich unseren Wert beziehen (ganz bestimmt nicht vom Besitz), und vor allem nicht vom Besitz abhängig sein, das raten die Weisen.

Selbst heute noch kann es in Indien passieren, daß einem auf die Bemerkung hin »das ist aber schön« das gelobte Stück mit »hier hast du es« freundlich in die Hände gedrückt wird. Der Besitz an sich legt uns nicht an die Kette. Wir ketten uns in der Regel selbst freiwillig an – mit der Haltung, daß wir auf ihn angewiesen seien.

Beten

Wahrscheinlich sind wir inzwischen an kleine Schocks von seiten der Weisen gewöhnt. Hier ein weiterer: Sie sagen, beten sei unsere wichtigste Aufgabe überhaupt. Das setzt natürlich ein Wissen um die Existenz von Gott voraus, aber diese Existenz steht für sie ohnehin völlig außer Frage. Wenn es Gott gibt, wenn unser Ziel ist, sich unserer Einheit mit Ihm bewußt zu werden, wäre es dann nicht das Vernünftigste, zu Ihm in Kontakt zu treten – als Wegbereiter für das Realisieren dieser Einheit? Wäre es überhaupt möglich, unser Ziel zu erreichen, ohne Ihn vorher sozusagen intim kennenzulernen? Die Antwort der Weisen ist klar.

Von dem, was wir normalerweise unter Beten verstehen, halten die Weisen nicht viel: Das Bitten um die Erfüllung eigener Wünsche ist ein Beten aus Ignoranz. Das weise Beten ist ein passives Da-sein für Gott, ein Sich-seinem-Willen-Überlassen, sagen sie. Das weise Beten bittet nicht um Vergängliches, es bittet um Gott selbst. Doch wenn Er Platz haben soll, muß sich der individuelle Wille wegwollen; denn wenn Er, dann nicht ich.

Charakter

»Was uns heute fehlt, ist der charaktervolle Mann«, erzählte mir jemand; und der rege Zulauf zu seinen Männergruppen scheint ihn zu bestätigen. Das gleiche gilt auch für die Frau, fügte er noch hinzu. Er hat sicher nicht so unrecht. Doch daß der Mangel inzwischen zumindest erkannt und auch versucht wird, ihn zu beheben, dürfte die Weisen freuen, denn auch sie bitten uns, Charakter zu haben und uns nicht von jeder Welle – ob soft oder autoritär, ob emanzipatorisch oder reaktionär – treiben zu lassen.

Doch was heißt es, Charakter zu haben? Es heißt, das zu tun, was man für richtig hält; jedoch mit einer Bedingung: Die Instrumente, die uns helfen zu erkennen, was richtig ist – nämlich Intellekt und Verstand –, müssen gereinigt sein, und zwar mit kompromißloser Ehrlichkeit und dem guten Willen, der Wahrheit auf die Spur zu kommen, ohne dabei auf den eigenen Vorteil zu achten, denn sowohl der Intellekt als auch der Verstand sind Handlanger von unserem Ego und sehr geschickt darin, die eigenen – egoistischen – Interessen als äußerst vernünftig zu verkaufen.

Egoismus paßt also nicht zu Charakter. Aber etwas anderes paßt, nämlich Mut – der Mut, zu sich selbst zu stehen, sich selbst zu sein und das, was man – ehrlich – für richtig erkannt hat, unter allen Umständen zu tun – auch wenn es erfordert, gegen den Strom zu schwimmen.

Dankbarkeit

»Sag schön danke!« halten wir oft Kinder an. Doch was wir in der Regel vergessen: ihnen zu erklären, *wem* man danken sollte. Wir nehmen an, daß sich das aus der jeweiligen Situation ergibt: Der, dem man zu danken hat, fällt dadurch auf, daß er uns eine Freude macht. Doch die Weisen machen uns darauf aufmerksam, daß uns niemand eine Freude machen kann, wenn Gott es nicht will. Er ist es, der uns alles zukommen läßt. Er dirigiert die Umstände, in denen wir uns vorfinden – und Ihm sollten wir dankbar sein, auch wenn es so scheint, als ob uns jemand völlig unabhängig von Ihm einen Gefallen tut.

Heißt das nun aber, daß wir Menschen gegenüber ruhig undankbar sein können? Der Mensch – sagen die Weisen – ist das Instrument, durch das sich Gott ausdrückt. Würden wir den Becher, der uns das ersehnte Wasser bringt, respektlos behandeln? Sind wir nicht vielmehr auch dem Becher dankbar, obwohl wir wissen, daß er austauschbar ist? Aber nur dem Becher und nicht dem Wasser dankbar zu sein, wäre ohne Zweifel unverständlich. Aber so verhalten wir uns oft, ahnen gar nicht, daß es das Wasser ist, das den Durst löscht – und fangen sogar an, uns dem speziellen Becher verpflichtet zu fühlen. Davon raten die Weisen strikt ab, denn solche Gefühle machen uns unfrei. Um der Gefahr der Abhängigkeit aus dem Weg zu gehen, sollten wir nur annehmen, was wir wirklich brauchen.

Demut

Demut – diese Eigenschaft scheint einer vergangenen Zeit anzugehören. Oder ist sie wieder im Kommen? Wenn ja, dann wäre das ohne Zweifel ein Grund zur Hoffnung, denn es gibt nur wenige Eigenschaften, die die Weisen so preisen, wie Demut.

Wenn wir mit diesem Begriff allerdings ein unauffälliges, schüchternes Mauerblümchen verbinden, liegen wir falsch. Demut hat nichts mit Gehemmtheit zu tun, auch nichts mit der Unfähigkeit, eigene Bedürfnisse auszudrücken. Zur Demut gehört vielmehr Mut, Mut, das Leben so anzunehmen, wie es ist. Das hört sich einfach an, und möglicherweise glauben wir, das doch zu tun – was bleibt uns schließlich anderes übrig? Aber wenn wir unseren Gedanken und Gefühlen zuschauen, werden wir bald feststellen, daß wir alles andere als demütig leben. Wie oft brausen wir auf, kämpfen gegen das an, was das Leben uns so bringt. Ein solches Verhalten könnten wir bei jemandem verstehen, der nicht weiß, daß es im Leben, wie beim Spiel auf der Bühne, um das »gute« Leben (Spielen) geht, und daß es nur stört, wenn sich der Betreffende ständig Gedanken macht, ob seine Rolle auch seinen Vorstellungen entspricht. Wenn wir aber wissen, daß unser Ich eine Illusion ist und wir uns nicht um dieses Ich, sondern um unser göttliches Selbst kümmern müssen, sollten wir uns dann nicht als intelligente Menschen nach diesem Wissen verhalten? Wenn wir es tun, finden wir uns voller Demut wieder

Denken

»Ich denk' zuviel« – Wer kennt nicht diesen Stoßseufzer? Wir ahnen zwar, daß das Denken ein äußerst nützliches, wertvolles und subtiles Instrument ist, das Leben zu meistern, ahnen aber auch, daß dieses Instrument uns in der Hand hat, statt umgekehrt: Die Gedanken sind frei – aber wir? Wir sind ihnen hilflos ausgeliefert; sie reißen uns mit, drängen sich auf, selbst wenn sie offenbar gar nicht gebraucht werden. Das muß nicht so sein, sagen die Weisen und erklären, wie wir das Denken in den Griff kriegen können: Zum einen raten sie, den Strom unseres Denkens zu kanalisieren, indem wir ganz bewußt Gedanken wählen, so oft wir die Wahl dazu haben – und zwar Gedanken an Gott, vorausgesetzt, wir haben ein Verhältnis zu Ihm. Zum anderen raten sie, unserem Denken ruhig und unbeteiligt zuzuschauen, nicht im Strom zu ertrinken, sondern am Ufer sitzend zu beobachten, was da alles durch uns hindurchschwimmt. So können wir Abstand zu unserem Denken gewinnen, eine Bedingung dafür, das Denken als Instrument sehen zu können und es als solches optimal zu gebrauchen. Es eignet sich vorzüglich dazu, die phänomenale Welt und deren Gesetzmäßigkeiten zu erkennen – nicht aber dazu, die Wahrheit zu erkennen, versichern die Weisen. Vielmehr: Gedanken verstellen uns den Blick auf das, was ist, und halten uns stattdessen in einer Welt, in der es Probleme gibt, die alle durch Denken entstehen.

Depression

Wer kennt es nicht, dieses Gefühl von Niedergeschlagenheit, Sinn- und Energielosigkeit? Alles ist plötzlich so mühsam mit der großen dunklen Frage »Wofür das alles?« im Hintergrund. Zeitkrankheit wird dieser Zustand inzwischen genannt. Depression als notwendiges Beiprodukt unserer heutigen Zeit?

Die Weisen halten Depression tatsächlich für not-wendig, denn wenn wir depressiv sind, reizt uns die Welt nicht mehr, wenn auch vielleicht nur aus dem banalen Grund, daß irgend etwas nicht nach unseren Wünschen ging oder geht. Wir treten für einen Moment von der Weltbühne zurück und sehen plötzlich nur noch Elend in ihr – und haben damit die Chance, uns auf die Suche nach dem wirklichen Glück zu machen.

Wenn wir gerade depressiv sind, werden wir wahrscheinlich behaupten, daß wir nicht in der Lage seien, diese Chance zu nutzen, eben weil wir keine Kraft und auch keine Lust haben. Doch darauf lassen sich die Weisen nicht ein und behandeln uns eher drastisch: Rede dir nicht ein, daß du schwach bist! Sei dir vielmehr bewußt, wer du in Wahrheit bist, daß du göttlich bist. Erkenne, daß du bisher ein Spielball deiner Wünsche warst, und beschließe, frei von ihnen zu werden. Wirf den schweren Mantel der Depression von dir und starte in eine neue und bessere Richtung. Es ist möglich, wenn du dich ganz fest an dein göttliches Selbst klammerst.

Diskussion

Jetzt hat die Seuche, alles diskutieren zu wollen, schließlich auch uns erreicht, erzählte mir kürzlich eine Inderin. Wir dürften überrascht sein, daß sie das, was wir für den Ausfluß von Intellektualität halten, als Seuche und damit als Krankheit bezeichnet. Glauben wir doch oft, unseren Intellekt vor allem in Diskussionen unter Beweis stellen zu können – und geben damit zu erkennen, daß unser Intellekt in einem ganz wesentlichen Punkt nicht funktioniert: Es geht nämlich nicht darum, über das, was man eingesehen hat, zu reden, sondern es geht darum, es in Leben umzusetzen, danach zu handeln, sagen die Weisen. Wir ahnen wahrscheinlich, daß sie recht haben. Doch vielleicht wissen wir nicht, wie wir das, was wir über die Situation an irgendeinem Krisenherd, über moderne Kunst, über das Problem des Hungers. . . eingesehen haben, ins Leben umsetzen können. Diskussionen darüber scheinen da angemessener zu sein.

Die Weisen raten uns, zuerst zu klären, was uns wirklich betrifft, nämlich: Woher kommen wir? – Wohin gehen wir? – Wofür sind wir hier? – Wer sind wir überhaupt? Dazu sollten wir unseren Intellekt strapazieren und mit wachen Augen die Welt und uns selber anschauen. Wenn wir das tun, dürften wir bald einsehen, daß die heutige Diskussionslust in den meisten Fällen eine Zeit- und Energieverschwendung ist. Wenn wir dann allerdings anfangen, über den Wert von Diskussionen zu diskutieren, haben wir's möglicherweise noch nicht ganz verstanden.

Dualität

Mit der ersten Sekunde (= das zweite) fängt die *Dua*lität an. Das Reich der Dualität ist beeindruckend: neben unserer ganz persönlichen Welt gehört auch das ganze Universum dazu. Doch es ist nicht die wirkliche Wirklichkeit, betonen die Weisen immer wieder. Die *Ein*heit ist die wirkliche Wirklichkeit. Sie ist jenseits von Zeit und durchdringt die Welt der Dualität voll und ganz. Die Weisen fordern uns nun einerseits auf, uns ganz auf diese Einheit zu konzentrieren, andererseits bitten sie uns, ständig an Gott als getrennt zu denken. Ist das nicht ein Widerspruch? Ist die Dualität vielleicht doch etwas mehr als Schein? Verschiedene philosophische Systeme geben dazu ihre Kommentare ab. Doch damit brauchen wir uns nicht zu befassen, sagen die Weisen. Wir brauchen nicht zu spekulieren, was in Wahrheit ist – es ist ohnehin nicht in Worte faßbar –, sondern wir müssen in dieser Welt der Dualität etwas *tun*, um sie erfahren zu dürfen. Da es ungeheuer schwierig ist, diese scheinbar so wirkliche Welt schlicht zu ignorieren und sich statt dessen ständig der Einheit bewußt zu sein, raten die Weisen zu einem leichteren Weg, nämlich das, was wirklich ist – und ohne Zweifel auch in uns –, zu personifizieren und mit IHM, unserem besten Freund in uns, ständig Kontakt zu halten. Auch auf diese Art verliert die Welt der Dualität ihre Macht über uns, eine Voraussetzung dafür, die Wahrheit zu erfahren.

Egoismus

»Heutzutage muß man Egoist sein« – eine Haltung, die allgemein auf großes Verständnis stößt. Wer würde schließlich dafür sorgen, daß wir bei dem Wettlauf ums Glück nicht zu kurz kommen, wenn nicht wir selber? So denken ohne Zweifel die meisten von uns, und wenn wir nicht so denken, dann verhalten wir uns zumindest so. Leider, sagen die Weisen, denn auf diese Art haben wir beste Chancen, daß wir bei dem Wettlauf ums Glück tatsächlich zu kurz kommen. Statt zum Glück führt Egoismus nämlich ins Leid, versichern sie, denn Egoismus ist eine Strategie, die auf falschen Annahmen beruht – auf den Annahmen, daß es unser getrenntes Ego wirklich gibt und daß wir für unser Ego Glück in dieser Welt sichern können.

Beide Annahmen sind falsch, behaupten die Weisen und raten uns, die wir von unserem Egoismus nicht lassen wollen, wenigstens zu einem intelligenten Egoismus. Intelligent egoistisch wäre es, nichts für sich zu wollen, freigebig zu sein, hilfsbereit, den anderen in den Mittelpunkt stellen und nicht sich selber, denn dann – und das ist die Überraschung – haben wir plötzlich alles, was wir brauchen. Das ganze Universum kommt zu unserer Unterstützung, wenn wir die Sorge um uns aus der Hand legen. Versuche es, raten die Weisen, denn nur so kann jeder für sich selbst sehen, daß ihre Logik stimmt. Ahnen werden wir es wahrscheinlich ohnehin.

Ehrlichkeit

»Ehrlichkeit ist eine Zier, doch weiter kommt man ohne ihr.« Wer kennt ihn nicht, diesen Spruch? Die Weisen erklären, was mit »weiter« gemeint ist: weiter nämlich ins Unglück und Elend. Falls wir es nicht selbst wissen: Ehrlichkeit hat etwas mit Ehre zu tun und auch mit aufrecht (Aufrichtigkeit). Könnte jemand wirklich glücklich und zufrieden sein, wenn er ehrlos und geduckt lebt? Es dürfte klar sein: die Weisen raten uns zu absoluter Ehrlichkeit – auch und gerade vor uns selbst – unter allen Umständen. Wenn wir ihrem Rat nachkommen wollen, werden wir merken, daß es gar nicht so einfach ist, völlig ehrlich zu sein.

Angenommen, wir waren es gewohnt, jahrelang negative Seiten von uns zu verstecken, ja sie als positiv zu interpretieren, dann dauert es eine Weile, bis »die ganze Wahrheit« sichtbar wird. Doch das macht nichts, sagen die Weisen. Unsere Aufgabe ist es nur, den guten Willen zu haben, so ehrlich zu sein, wie wir gerade können. Das ist ein ganz bedeutender Schritt in Richtung Selbstverwirklichung, und unser Selbst kommt uns dafür mehrere Schritte entgegen, versichern die Weisen. Es ist nämlich Wahrheit an sich, wie könnte es sich also auf Falschheit einlassen? Wir ahnen vielleicht gar nicht, welch guten Freund wir mit Unehrlichkeit vertreiben. Es ist *der* Freund, der allein uns alles gibt und geben kann – für den allein es sich zu leben lohnt.

Entrüstung

Im Grunde ist Entrüstung eine Form von Ärger – eine Form, die sich fast ausschließlich auf das Verhalten anderer bezieht und offensichtlich eine »intelligente« Komponente hat: Wir – als vernünftig denkende Menschen – *verstehen* einfach nicht, wie man so etwas tun kann, ob es sich um das Vordrängen in einer Warteschlange handelt oder um die Stationierung von Waffen. Wir scheinen im Recht. Wir würden uns weder vordrängen, noch Waffen stationieren – und das ist gut so. Nur – sagen die Weisen – so vernünftig unsere Entrüstung auch scheint, sie ist es nicht. Entrüstung sowie Ärger bringen uns nur aus unserem inneren Gleichgewicht – und das Ergebnis ist, daß es dann auf der Welt einen mehr gibt, der seinen inneren Frieden verloren hat. Wäre es nicht weitaus vernünftiger, ruhig zu bleiben und zu tun, was man glaubt, tun zu können? Zugegeben – das Verhalten der Menschen heute auf dieser Welt kann man bestimmt nicht als weise und auch nicht als vernünftig bezeichnen. Doch mit einem entrüsteten Ausruf »Also so was, wie kann man nur?« reihen wir uns nur ein unter die Unvernünftigen. Weise wäre, bei uns selber anzufangen, weise zu werden.

Entscheidung

»Wie soll ich mich bloß entscheiden?« und »Habe ich mich auch richtig entschieden?« – diese beiden Fragen dürften viele von uns mehr beschäftigen, als uns lieb ist. Dabei handelt es sich manchmal nur um Kleinigkeiten, und trotzdem fällt es uns ungeheuer schwer, uns zu entscheiden.

Ob die Weisen uns helfen können? Sie können es, wenn wir uns ein einziges Mal in ihrem Sinn entschieden haben: nämlich, ob wir den Weg zur Wahrheit gehen oder in der Illusion und Ignoranz bleiben wollen. Wenn wir uns – ernsthaft – in ihrem Sinn für die Wahrheit entscheiden, dann – sagen sie – können wir bei anderen

Entscheidungen nichts mehr falsch machen. Wir *wollen* uns dann ja für das entscheiden, für das wir uns entscheiden *sollen* –, und um das herauszufinden, können wir uns jederzeit an den »Bezugspartner« in uns – Gott – wenden. Er antwortet uns in aller Weisheit und führt uns genau richtig.

Manchmal hören wir einfach keine innere Stimme, gerade, wenn wir uns schnell entscheiden müssen. Doch auch dann können wir eine Entscheidung herbeiführen: wenn wir Ihn – ehrlich – in uns nicht hören, aber tun wollen, was wir tun sollen; könnte es dann sein, daß er zum Beispiel eine Münze »falsch« lenkt, wenn wir ihn voll Vertrauen um eine klare, manifeste Antwort bitten? Alles gehorcht Ihm, sagen die Weisen – auch eine Münze.

Enttäuschung

Enttäuschung kommt zu Menschen, die Verabredungen mit der Zukunft treffen. Das hörte ich in Indien, und es drückt ziemlich genau aus, worum es bei Enttäuschungen geht: um Vorstellungen, Erwartungen, Hoffnungen, Träume in bezug auf die Zukunft, denen diese Zukunft als Gegenwart nicht nachkommt. Enttäuschung ist auch mit Ärger verwandt – etwas ist anders, als wir es wollen –, doch spielt bei ihr als starke Komponente »Trauer« mit. Wir hängen nämlich an unseren Zukunftsträumen, und ihr Verlust in der Gegenwart macht uns traurig; eine eigenartige Trauer: Wir weinen etwas nach, was wir ohnehin nie hatten.

Es ist leicht einzusehen, daß Enttäuschung nicht sein muß. Wir brauchen uns nur keine Vorstellung in bezug auf die Zukunft zu machen – und dazu raten uns natürlich die Weisen. Das ist nicht so leicht umzusetzen, denn wir tun nichts lieber, als uns eben solche Vorstellungen zu machen. Wie oft drängen sich Gedanken auf, die Hirngespinste im wahren Sinn des Wortes für unsere Zukunft sind! Doch wir bekommen eine Hilfestellung – durch die Enttäuschung. Sie zeigt uns, daß wir mit unserer Zukunftsprojektion einer Täuschung zum Opfer gefallen sind. Wie gut, daß wir von solchen Täuschungen immer wieder ent-täuscht werden, oder?

Ergebnis

Wir haben normalerweise recht klare Vorstellungen davon, welches Ergebnis wir wollen, wenn wir etwas tun. Wir handeln, um etwas Bestimmtes zu erreichen –, und dieses ergebnisorientierte Handeln sollten wir aufgeben, raten uns die Weisen. Das klingt wieder nach einer eher weltfremden Forderung; in der Tat sind ja alle ihre Forderungen eher weltfremd, aber eben äußerst realitätsnah.

Sie erklären: Wenn wir ein bestimmtes Ergebnis wollen, binden wir uns an die Welt. Wir haben einen Wunsch und ordnen uns diesem Wunsch unter. Genau das müssen wir verhindern, wenn wir frei sein wollen. Das bedeutet nicht, jegliches Handeln aufzugeben –, das sei außerdem gar nicht möglich, sagen die Weisen. Es bedeutet vielmehr, nach bestem Wissen zu handeln, aber keine Wünsche in bezug auf das Ergebnis zu haben und, wie immer das Ergebnis sein mag, es willkommen zu heißen. Das ist viel verlangt, und die Weisen lassen keinen Zweifel daran, daß viel verlangt wird, wenn wir wirklich frei sein und unser Selbst verwirklichen wollen. Wir müssen uns von der Welt lösen. Wir lösen uns von der Welt, wenn wir nicht mehr am Ergebnis unseres Tuns »hängen«. Unser Tun kann uns dann nicht mehr an die Welt binden – die Voraussetzung dafür, die Welt zu »überwinden« und statt ihr die Wahrheit zu sehen.

Familienleben

»Wenn ihr glaubt, eine Familie gründen zu müssen, dann tut das in Gottes Namen«, sagen die Weisen und fügen hinzu: »Wenn ihr allerdings glaubt, in ihr das Glück zu finden, das ihr sucht, täuscht ihr euch.« Doch das wollen wir in der Regel für uns selber wissen, Generation nach Generation – und irgendwann wissen wir schließlich, daß die Weisen recht haben.

Das Familienleben ist also ein guter Lehrer, ein großer Guru: es lehrt uns wichtige Lektionen, zum Beispiel, daß das Glück, obwohl es so greifbar nahe schien, offensichtlich doch woanders liegt. Die »Bindung«, die wir so bereitwillig eingingen, machte uns nicht freier, sondern drückt nun plötzlich auf unseren Schultern und läßt uns schließlich an der Erde kleben, wie die Weisen es mit einer Analogie plastisch darstellen: Der Mensch mit seinen zwei Beinen ist recht frei beweglich, ein Tausendfüßler dagegen kaum. Heiratet nun der Mensch, hat er schon vier Beine. Bekommt er Kinder, hat er schon sechs, acht, zehn... Und bekommt er schließlich Enkel, vervielfachen sich seine Beine rapide, bis er sich am Ende überhaupt nicht mehr frei bewegen kann. Maya, die illusionäre Wirklichkeit, hat ihn gefesselt, und es besteht die Chance, daß er sich nach seiner Befreiung zu sehnen beginnt – die Voraussetzung dafür, daß er auch etwas zu seiner Befreiung unternimmt. Wenn wir durch das Familienleben dahin kommen, haben sich seine Schwierigkeiten gelohnt.

Feind

Ist der Feind am Aussterben? Unsere Regierungen verhalten sich so, als ob es von Feinden nur so wimmelt; aber wir persönlich – betrachten wir jemanden als unseren Feind? Wohl relativ selten. Sicher, es gibt Leute, die wir nicht mögen, mit denen wir nichts zu tun haben wollen, aber einen ausgesprochenen Feind haben wir in der Regel nicht.

Das *denken* wir, kontern die Weisen. Sie behaupten nämlich, jeder von uns habe einen äußerst gefährlichen Feind da, wo wir ihn am wenigsten erwarten: in uns selbst. Der Feind ist der ungezähmte, wild tobende Strom von Gedanken, Gefühlen, Wünschen, Vorstellungen... Dieser Feind kann uns tatsächlich das Leben zur Hölle machen. Das dürfte uns überraschen, denn wir sind gewohnt, uns mit all dem, was uns wild durch den Kopf schießt, zu identifizieren. Wo sind wir denn, wenn nicht in unseren Gedanken, Gefühlen, Wünschen? Wir sind der stille Zeuge dieses ganzen Spektakels, sagen die Weisen. Wenn wir uns mit ihm verbünden, können wir unseren Feind bezwingen – und wissen dann erst, was Friede heißt.

Unsere äußeren Feinde betrachten die Weisen als unsere wirklichen Freunde, denn sie bieten uns meist gute Gelegenheit, unsere eigenen Fehler zu entdecken, und dafür sollten wir ihnen dankbar sein. Sollen wir sie nicht sogar lieben?

Freiheit

Was ihr im Westen unter Freiheit versteht, ist die Freiheit, die eigenen – egoistischen – Interessen mit allen Mitteln durchzusetzen, erklärte mir jemand in Indien. Er hat sicher nicht so unrecht. Doch ist das nicht die Freiheit, auf die es ankommt. Jeder sucht nach Glück, und jeder sollte die Freiheit haben, seine Vorstellungen davon zu verwirklichen. Das ist unsere Haltung. Ob mit ihr etwas nicht ganz stimmt? Sollte es eine andere Freiheit geben, die wir nicht kennen?

Die Weisen sagen, daß bei unserer Art von Freiheit unsere Wünsche und Interessen, an denen »wir hängen«, frei sind, daß es aber eine Freiheit gibt, bei der wir selber frei sind – und die sollten wir logischerweise vorziehen. Wir sind nämlich *nicht* unsere Wünsche und Interessen, betonen sie mit Nachdruck. Sagen wir nicht selber, wir »haben« einen Wunsch, »haben Interessen«? Und geben uns so als ihre Besitzer aus? Warum verhalten wir uns dann eigentlich wie ein Sklave und laufen hinter jedem Wunsch her, eifrig bemüht, ihn zu erfüllen? Sklaverei hat nichts mit Freiheit zu tun, auch wenn wir sie scheinbar vorziehen. Wenn *wir* frei sein wollen, müssen wir unser Denken und Fühlen mit seinen Wünschen in seine Schranken weisen, denn wenn wir ihm freien Lauf lassen, nutzt er die Chance und macht sich zum Herrn über uns – *er* ist dann frei und macht uns sogar noch vor, daß *wir* es seien.

Freund

Auf einen Freund muß man sich verlassen können, und zwar nicht nur, wenn es einem gut, sondern auch, wenn es einem schlecht geht. Das ist unser Kriterium für echte Freundschaft, die Bedingung, die wir glauben, stellen zu können. Doch wie sieht es dann mit »echten« Freunden aus? Wir kennen uns meist selbst gut genug, um zu wissen, daß sich unser Freund auf uns verlassen kann, aber nur so weit, wie es uns möglich ist, seinen Wünschen zu entsprechen. Unmöglich wird es dann, wenn die eigene innere Stimme zu einem andern als dem gewünschten Verhalten rät. Das kommt vor, selbst bei Buddha, der eines Nachts seine Frau verließ, um sich auf die Suche nach der Wahrheit zu machen.

Doch irgend etwas in uns sagt uns, daß es echte Freundschaft geben muß, und die Weisen stimmen zu: es gibt tatsächlich einen wahren Freund, der immer da ist und auf den man sich immer verlassen kann, denn er »wohnt« in uns. Er ist unser Selbst, ist Gott. Ob die »äußeren« Freunde uns gern haben oder sich abwenden – dafür ist auch Er verantwortlich. Nicht, weil Er grausam ist, sondern weil Er uns deutlich machen will, daß auf *nichts* in der Welt Verlaß ist. Es ist eine bittere Pille, die wir schlucken müssen. Doch nur so haben wir die Chance, unseren echten Freund zu erkennen. Dieser Freund ist unvorstellbar großartig und *wirklich* ganz nah, immer.

Frieden

Der Frieden ist heute bedroht – wir wissen es und scheinen hilflos, denn den Frieden zu bewahren, ist eine Sache der Mächtigen. An ihnen liegt es, ob auf den vielzitierten roten Knopf gedrückt wird oder nicht – glauben wir. Doch das stimmt nicht, behaupten die Weisen, denn was immer geschieht – persönlich oder gesellschaftlich – ist das Ergebnis von Karma, und zu diesem Karma tragen wir *alle* bei. Wieviel und was wir beitragen, liegt nicht an unserer Position, sondern daran, wie es *in* uns ausschaut.

Darauf wollen die Weisen unsere Aufmerksamkeit lenken: auf unseren inneren Frieden. Sind wir dort zufrieden? Oder unruhig hinter immer neuen Wünschen her? Sind wir »im Krieg« mit unserem Nachbarn oder der ganzen Gesellschaft? Davon hängt ab, ob wir den Druck auf den roten Knopf eher fördern oder verhindern. Wir müssen innerlich zufrieden sein, wenn wir erwarten wollen, daß sich auch »draußen« Friede manifestiert, denn das »draußen« ist eine Entsprechung von unserem »drinnen«, und wir sind für unser »drinnen« verantwortlich. Wie aber könnten wir zufrieden sein, so wie es heute in der Welt ausschaut? Es scheint ein Teufelskreis, den wir durchbrechen müssen – mit dem Willen, das unzufriedene Denken und Fühlen zum Schweigen zu bringen, um die Grundlage für Frieden und Freiheit zu schaffen. Erst auf dieser Grundlage kann sich auch »draußen« wirkungsvolle Friedensarbeit manifestieren.

Geduld

Wer sich aufmacht, sein Selbst zu verwirklichen, muß Geduld mitbringen, sagen die Weisen und erreichen damit vielleicht, daß wir uns gar nicht erst aufmachen, denn Geduld fehlt uns fast allen – und vor allem dann, wenn es um Selbstverwirklichung geht, von der wir ja gar keine klare Vorstellung haben. Die Weisen regen uns an, einmal zu überlegen, wieviel Geduld wir aufbringen müssen, um Ziele in dieser Welt zu erreichen – einen Schulabschluß, einen Job, ein Haus... Das alles geht nicht von heute auf morgen, und das gilt auch für unser Lebensziel, das höchste Ziel überhaupt. Auch wenn Zeit in Wirklichkeit gar nicht existiert – von unserem Blickwinkel aus existiert sie sehr wohl. Wir müssen mit ihr rechnen, uns darauf einrichten, daß es »irgendwann« einen Zeitpunkt gibt, an dem wir unser Selbst realisieren – wann das ist, liegt nicht in unserer Hand –, und daß wir uns eben bis dahin in Geduld fassen und unser Möglichstes tun. Das ist nicht leicht, gerade für uns im Westen, die wir so stark »erfolgsorientiert« sind. Wir wollen die Selbstverwirklichung erzwingen und fallen damit garantiert auf die Nase, wenn nicht noch schlimmer. Es gibt nämlich eine Bedingung, die erfüllt werden muß, bevor uns unser Ziel gewährt wird: Unser Ego muß sterben. Ungeduld ist der Ausdruck eines starken Ego-Willens. Es dürfte also klar sein, daß sich mit Ungeduld das Tor ganz sicher nicht aufbrechen läßt.

Gefühle

»Sei nicht so sehr Kopf, sondern mehr Bauch«, hört man bei uns in letzter Zeit häufiger, und gemeint ist damit: »Überlaß dich deinen Gefühlen und funke nicht mit dem Verstand dazwischen.« Doch wenn wir glauben, damit eine Formel zu unserem Glück gefunden zu haben, täuschen wir uns, sagen die Weisen, denn wir sollten uns weder – selbst vernünftigen – Gedanken noch Gefühlen überlassen. Gedanken und Gefühle gehören nämlich beide zum Einflußbereich von Maya, der Macht, die dafür zuständig ist, daß wir statt der Wahrheit nur den Schein sehen. Wenn wir uns nun ihnen ausliefern, bleiben wir notgedrungen Gefangene von Maya und müssen weiter an der »unfaßbar« nahen Wirklichkeit vorbeigucken. Vielleicht können wir uns aber nicht vorstellen, wie wir der Gefühle »Herr« werden können. Der Gedanken – das mag möglich sein; aber der Gefühle? Werden wir da nicht psychisch krank? Doch die Weisen raten nicht, Gefühle zu unterdrücken. Es geht vielmehr darum, sie zu sehen, aber sich ihnen nicht zu überlassen. So wird ihre Macht über uns gebrochen, und wir können uns Ihm überlassen, dem allein wir uns auch überlassen sollten, nämlich Gott. Wir müssen aufpassen: Ein tiefes Meer von Gefühlen ist nicht Hingabe an Gott, erklärte jemand, den ich für sehr weise halte, doch es wird oft aus Verblendung dafür gehalten.

Geist

Wir sind Geist – sagen die Weisen, doch wir können damit wahrscheinlich wenig anfangen. Wir sehen uns schließlich zumindest als Körper *und* Geist und meinen mit Geist noch dazu nur unseren »persönlichen« Geist, nämlich die Bewußtseinsvorgänge mit ihren Gedanken, Erinnerungen, Vorstellungen, Wünschen. Doch die Weisen behaupten: »Wir sind reiner, ›unpersönlicher‹ Geist.« Das würde bedeuten, daß wir unbegreiflich, unfaßbar, allesdurchdringend sind. Sie stimmen unserer Schlußfolgerung zu: Wir sind nicht mit den Sinnen zu greifen, nicht zu fassen und überall gegenwärtig. Wir sollten uns vorläufig zumindest mit diesem Gedanken anfreunden, um uns allmählich von der festgefahrenen Vorstellung zu lösen, daß wir Körper und Geist seien. Wir sind nämlich wirklich nicht diese Körper-Geist-Kombination. Sie ist vielmehr nur eins von vielen Instrumenten, eine von vielen Arten, in denen sich Geist ausdrückt. Der allesdurchdringende Geist ist sich in jedem der Aspekte bewußt, und unsere Körper-Geist-Kombination ist ein solcher Aspekt. Wenn wir uns nun die Identifizierung mit diesem einen Aspekt aufzugeben trauen (und Mut gehört auch dazu, denn Maya macht uns vor, daß wir so alles – »uns« angeblich-verlieren), gewinnen wir alles, sind wieder *das*, was wir ohnehin immer waren und das unbegreiflich, unfaßbar und unbeschreiblich im wahrsten Sinn des Wortes ist.

Geister

Geister scheint es auch in Indien recht viele zu geben. Das Geschäft mit schwarzer und weißer Magie blüht, und die Austreibung von Geistern findet an manchen Orten fast täglich statt. Auch bei uns im Westen treten Geister wieder stärker in Erscheinung – zumindest in den Medien (ich meine hier die »Presse«).

Ein Anzeichen dafür, daß das Interesse an ihnen wächst? Doch die Weisen Indiens raten uns von einem solchen Interesse ab. Sie stellen nicht in Frage, daß es Geister gibt – gute und schlechte, auch solche, die Menschen »besetzen« –, aber wir sollten uns nicht mit ihnen beschäftigen, betonen sie. Es handelt sich dabei nämlich um eine von vielen anderen Wirklichkeiten, die alle, wie unsere gewohnte Wirklichkeit auch, nur relativen Charakter besitzen. Wir sollten uns an die absolute Wirklichkeit halten – an Gott, und nicht an die scheinbar getrennte Identität von Geistern.

Sie raten folglich auch davon ab, über die Geisterwelt die Wahrheit zu suchen. Sie halten das für ein Suchen in der falschen Richtung, das zudem die Gefahr in sich birgt, sich dieser Welt ausgeliefert zu fühlen. Es kann nämlich vorkommen, daß sich jemand von Geistern bedrängt, eingeschüchert, erschreckt fühlt. Ihm raten sie, sich ganz fest an Gott zu halten, seinen Namen ständig zu wiederholen, sich Ihm völlig anzuvertrauen, denn gegen die absolute Wahrheit kommt kein Geist an, versichern sie.

Gelehrsamkeit

»Wer nur gelehrt ist, der ist dumm, der Weise setzt sein Wissen um – denn der Name der Medizin allein, auch wenn man ihn erinnert, kann bestimmt nicht heilen.« So etwa heißt es in einer alten indischen Schrift. Ob wir unser Selbstverständnis von Gelehrsamkeit einmal überprüfen sollten? Reicht es uns, die Bezeichnung Medizin zu wissen, oder stürzen wir uns gar in ein umfassendes Pharmaziestudium und vergessen dabei, die (natürliche) Medizin im Alltag zu schlucken?

Es ist eine entscheidende Frage – entscheidend dafür, ob wir unser Glück finden oder nicht, ob sich unser Leben lohnt oder nicht. Aber wollen wir nicht gerade durch unsere Gelehrsamkeit unser Leben lohnend machen? Haben wir auf diese Weise nicht die Chance, »hervorragend« zu sein, etwas Neues, Großartiges zu schaffen, an das sich die zukünftigen Generationen hoffentlich dankbar erinnern? Die Antwort der Weisen: Wer nur gelehrt ist, der ist dumm – auch wenn sich bei uns im Westen Gelehrsamkeit gerne als der Weisheit letzter Schluß verkauft, was ihr nur deshalb möglich ist, weil bei uns die Weisen so gut wie ausgestorben sind. Trotzdem ahnen wir mehr und mehr, daß bloße Gelehrsamkeit eben nicht der

Weisheit letzter Schluß ist, ein Zeichen dafür, daß sich die Weisheit allmählich durchsetzt, daß das, worauf es wirklich im Leben ankommt, einfach und für jeden verständlich ist. Mit dieser Weisheit als Grundlage können wir unsere Gelehrsamkeit radikal abstauben – in unserem eigenen Interesse.

Gesellschaftsordnung

Könnten sich die Weisen auch einmal geirrt haben? Es scheint fast so, denn in einem Punkt können wir ihnen fast alle »beim besten Willen« (?) nicht folgen, dann nämlich, wenn es um die Gesellschaftsordnung geht – sprich: das Kastenwesen. Allein dieser Begriff reicht aus, um bei uns die Gemüter zu erregen. Die Erregung ist verständlich, wenn wir uns das Kastenwesen heute in Indien anschauen. Doch was die Weisen im Auge haben, ist ein Ideal; können wir reinen Gewissens »den ersten Stein werfen«, weil andere ihr Ideal nicht verwirklicht haben?

Schauen wir uns also das Ideal an: Die Weisen vergleichen die Gesellschaft mit einem Körper. Der Kopf, die Arme, die Schenkel, die Füße – alles ist uns gleich nah, gleich wichtig, auch wenn die Funktionen unterschiedlich sind. Daß die Funktionen unterschiedlich sind, beruht auf Karma und Temperament (Guna), das heißt auf Gesetzmäßigkeiten, die diese Welt in Gang halten. Der Kopf hat die Funktion, Weisheit zu lehren, die Arme, das Recht zu schützen; die Schenkel sind die Stützen für die Versorgung; die Füße dienen und sind auch bereit, in den Dreck zu treten. Alle diese Funktionen müssen erfüllt werden. Wenn wir aber heute alle Kopf sein wollen, sollten wir überlegen, wohin das führt. Die Weisen bitten uns, ehrlich zu sein. Sind unsere Gesellschaftsverbesserungs-Slogans wirklich durchführbar, ernst gemeint? Oder ein Zeichen unserer Zeit, viel und schön zu reden?

Gewissen

Wollen wir eigentlich ein Gewissen haben? Viele von uns scheinen den Draht zu ihm schon verloren zu haben und bedauern das auch nicht, denn »Gewissen« – das wird häufig mit einer moralischen Instanz assoziiert, die in unserem Zeitalter der Vernunft und Aufklärung überholt zu sein scheint. Doch diese Assoziation dürfte nicht ganz treffend sein. Schauen wir uns das Wort an: Gewissen – das heißt, es geht um Wissen, um das Wissen in uns. Das sollten wir auf jeden Fall haben, sagen die Weisen, und uns auch danach richten, denn welche anderen Richtlinien haben wir für unser Handeln, wenn nicht unser »bestes Wissen«? Die Weisen raten uns deshalb auch zu einem sehr guten, klaren (Ge)Wissen.

Wie wir dazu kommen, dürfte von unseren heute üblichen Vorstellungen abweichen. Sie propagieren nämlich nicht das Eintrichtern, sondern das Aufdecken, denn alles Wissen dieser Welt sei bereits in uns, behaupten sie. Ja, zuviel vom eingetrichterten, intellektuellen Wissen verdeckt nur unser ureigenes, intuitives Wissen. Könnte das heute etwa bei all der Ge-wissen-losigkeit der Fall sein? Wenn ja, sollten wir möglichst schnell unser eigenes Ge-wissen wieder entdecken, raten die Weisen, denn sonst sind wir ein Spielball für unseren Geist und Intellekt. Wie wir es entdecken, sagen sie auch: mit radikaler Ehrlichkeit, denn Wahrheit reinigt Wissen. Reinheit ist die Voraussetzung dafür, daß uns unser Ge-Wissen auch optimal berät.

Glaube

Bezieht sich Glaube notwendigerweise auf etwas, was wir nicht wissen können? Sicher nicht – wir »glauben« nämlich auch dann an etwas, wenn wir es nicht überprüft haben, aber überprüfen könnten: zum Beispiel, das Materie nicht solide ist.

Doch dann gibt es noch einen besonderen Glauben, den wir oft – fälschlicherweise – für den religiösen Glauben halten: Wir sollen etwas glauben, zum Beispiel die Dogmen wie »unbefleckte Empfängnis«, die wir nicht überprüfen können. Es ist verständlich, daß die Forderung nach dieser Art von Glauben (kommt sie möglicherweise von den von Jesus gescholtenen Schriftgelehrten?) den religiösen Glauben in Mißkredit brachte.

Die Weisen aus dem Osten verlangen nicht diesen unüberprüfbaren Glauben. Ihre Aussagen widersprechen nicht der Vernunft und sind für jeden selbst verifizierbar – allerdings nicht, ohne gewisse harte Bedingungen zu erfüllen. Diese Bedingungen sind uns überliefert. Dem, der sich daran macht, sie zu erfüllen, versichern die Weisen, daß er schließlich *wissen* werde, daß es Gott gibt, daß er selber göttlich ist. Den Weg zu diesem Wissen nennen sie Yoga.

Gleichberechtigung

Gleichberechtigung für alle! Wer würde dem nicht zustimmen? Aber sind wir uns eigentlich im klaren darüber, wozu alle gleichermaßen berechtigt sein sollen? Dazu, daß ein jeder Pilot, Säuglingsschwester, Bundeskanzler oder Opernsänger werden kann, egal ob Mann oder Frau, reich oder arm? Es ist richtig: Niemand sollte einen andern daran hindern, das zu tun, was jener für richtig hält. Doch paßt für diese verständliche Forderung der Begriff Gleichberechtigung? Sind wir wirklich in dieser Welt gleichberechtigt?

Ohne Zweifel kann nicht jeder Opernsänger werden, aber es kann auch nicht jeder Pilot werden, sagen die Weisen. Wir alle sind nämlich verschieden-berechtigt: zu unserem ureigenen Platz in diesem Weltbühnenspiel, in dem die Rollen nach dem Gesetz des Karmas gerecht verteilt werden. Zu unserer Rolle mag auch gehören, dafür zu kämpfen, daß andere ihre Rolle leichter einnehmen können –, doch auch dabei handelt es sich um unsere spezielle Berechtigung.

Trotzdem: Es gibt eine Gleichberechtigung für uns alle, sagen die Weisen. Wir alle sind gleichermaßen berechtigt, »nach Hause«, zu unserem Selbst zurückzukehren. Jeder wird dort aufgenommen, vorausgesetzt, er hat den Weg hinter sich gebracht. Diese Gleichberechtigung existiert seit uralten Zeiten, auch wenn nur wenige ihr Recht in Anspruch nehmen.

Gleichmut

Alles ohne Ausnahme gleichmütig und gleichgültig annehmen – das rät die alte Weisheit und verscherzt sich damit möglicherweise unser Wohlwollen, denn ein Leben in Gleichmut und Gleichgültigkeit scheint eng verwandt mit Langweile, wenn nicht gar mit Depression zu sein, und das ist nicht gerade das, was wir wollen. Doch die Weisen behaupten, wir könnten nicht beurteilen, wie sich ein Leben in Gleichmut »anfühlt« – einfach, weil wir es nicht kennen. Alles, was auf uns zukommt, wird nämlich sofort kategorisiert – in angenehm/unangenehm, Freude/Leid. Wenn wir genau beobachten, merken wir, daß Leid gewöhnlich überwiegt.

Wollen wir also wirklich ständig zwischen diesen beiden Polen hin- und herpendeln, uns hin- und herpendeln lassen? Kommt daher wirklich unsere Lebensfreude? Die Weisen raten uns, einfach mal ihre Haltung auszuprobieren: alles mit gleicher Stimmung und gleicher Gültigkeit annehmen – in dem Vertrauen, daß alles, was uns geschickt wird, eine Bedeutung für uns hat. Jeder Moment wird so bedeutungsvoll. Jeder Moment ist in der Tat bedeutungsvoll, versichern die Weisen. Gleich-mut und Gleich-gültigkeit mit langweilig oder gar depressiv zu assoziieren, dürfte sich also in der Praxis als unangemessen herausstellen. Angemessener wäre, tiefe Zufriedenheit und innere Ruhe zu assoziieren.

Gnade

Wir benutzen wieder häufiger das Wort Gnade, nennen es Gnade, wenn wir besonderes Glück haben oder wenn wir uns ganz allgemein unseren bisherigen Lebenslauf vor Augen halten. Das kommt der Wahrheit wohl näher, als wenn wir es zum Beispiel als Zufall bezeichneten. Trotzdem: Wir müssen aufpassen, wenn wir unser menschliches Urteilsvermögen einschalten, um die Wege Gottes zu kommentieren. Wenn dieses Urteilsvermögen nicht gereinigt ist, wird es selbst die Gnade Gottes für die Stärkung des Egos mißbrauchen, etwa im Sinn von: Gott muß mich besonders lieb haben, denn er gibt dieses Glück ja nicht jedem...

Doch Gnade wird jedem gewährt, wie Feuer jeden wärmt. Allerdings spürt man die Wärme nur unter einer Bedingung: man muß in die Nähe des Feuers gehen. Ähnlich ist es mit der Gnade: wir müssen für sie offen sein.

Aber ist es nicht auch Gnade, überhaupt offen sein zu können? Die Weisen stimmen zu: Niemand kann zu Gott, wenn er nicht gerufen ist. Aber auch: Jeder wird zur rechten Zeit gerufen. Wenn wir uns aber taub stellen, wird es schwieriger für uns, Gnade als Gnade zu erkennen. Wenn wir aber ge-horchen, erkennen wir mehr und mehr, wie Gnade überall wirkt – auch und gerade im sogenannten Unglück. Die eigene Anstrengung – der Gehorsam – ist also die Kehrseite der Medaille – solange wir uns als etwas »Eigenes« begreifen.

Gott

Ob es eine Anmaßung ist, über Gott zu schreiben? Einerseits sicher, denn Er ist – das sagen alle Weisen – unbeschreibbar. Andererseits hilft es uns möglicherweise, sich Ihm zu nähern, wenn wir den Begriff Gott versuchen zu klären.

Da Er überall ist, also auch jetzt hier, hoffe ich, daß Er mir eingibt, was Er über sich geschrieben sehen will. Gott scheint es tatsächlich zu geben. Diese Ansicht unterstützt heute auch die Wissenschaft. Aber da wir »Gott« oft noch mit dem persönlichen Gott aus unserer Kindheit assoziieren, ziehen wir es vielleicht vor, das Unbeschreibbare, das dieses Universum bis in seine kleinsten Zellen durchdringt, »absolutes Bewußtsein« oder sonstwie zu nennen. Der Nachteil dabei ist, daß wir »absolutes Bewußtsein« wie einen technischen Terminus sehen, kalt, unpersönlich – und gar nicht merken, daß absolutes Bewußtsein beinhaltet, daß es da etwas um uns und in uns gibt, das *bewußt* ist, das also auch weiß, was mir gerade widerfährt, und zu dem eine Beziehung möglich ist – eine Liebesbeziehung, sagen die Weisen, denn von allen Beschreibungen, die man von Gott gibt, die nur Annäherungen sind, ist die beste: Gott ist Liebe.

Guru

Braucht man eigentlich einen Guru? Die Weisen Indiens sagen ja. Genauso wie wir einen Lehrer brauchen, um Lesen und Schreiben zu lernen, genauso brauchen wir einen Guru (= Vertreiber der Dunkelheit), um die Wahrheit sehen zu lernen. Sie erklären, wer der Guru ist: Der eine wahre Guru in jedem von uns ist unser Selbst, das uns ständig zur Wahrheit hinzieht. Dieser innere Guru kann sich nun »außen« manifestieren – zum einen in Form von allem, was uns begegnet und uns Gelegenheit zum spirituellen Lernen gibt, und zum anderen in Form von einem erleuchteten Meister, der uns, weil er sich selbst und damit uns kennt, kompetent helfen kann, uns selbst zu erkennen. Diese zweite Form ist das, was wir gewöhnlich unter Guru verstehen und wonach der Westen heute mehr und mehr sucht.

Die Weisen behaupten jedoch, eine Suche sei unnötig: Der Guru erscheint genau dann, wenn die Zeit dafür reif ist. Die Aufgabe des Schülers ist nur, offen zu sein, aber auch sehr vorsichtig. Wir können nämlich nicht beurteilen, ob ein Guru erleuchtet ist oder sich nur selbst dazu ernennt. Der einzige Anhaltspunkt ist unsere innere Stimme – und später unser inneres Wachstum. Zweifel sollten wir also keinesfalls unterdrücken. Aber wenn wir den Guru annehmen, raten die Weisen, ihm total zu gehorchen, denn dann müssen wir logischerweise in ihm nicht mehr den Menschen, sondern das eigene Selbst sehen – personifiziert im Guru.

Gut und Böse

Wenn es einen Gott gibt, warum läßt er dann neben dem Guten auch das Böse zu? Das ist eine Frage, die so manchen zum Verzweifeln bringt. Auch die Weisen scheinen sich zu widersprechen: Zum einen soll alles Gott sein, zum anderen soll Er reine Liebe sein... Wie kommt dann das Böse ins Spiel, und vor allem: warum?

Die Weisen erklären: Gut und Böse existieren nur in der relativen Wirklichkeit, sind ein Produkt von Maya. Beide gehören zum Spiel (Lila). Warum es so ist, können wir nicht fragen, denn Ursache und

Wirkung binden Gott nicht. Ursache und Wirkung sind nämlich Regeln *im* Spiel, können aber nicht erklären, warum das Spiel angefangen wurde. Das ist wahrscheinlich ein harter Brocken für unseren Intellekt: Wenn wir nicht aufpassen, folgert er: »Aha, die wissen es auch nicht!« Was sicher nicht logisch ist, denn auch der Intellekt ist nur *im* Spiel zuständig. *Wie* also kommt nun Gut und Böse ins Spiel?

Die Weisen sagen, wir haben die Wahl (von unserem Blickwinkel aus), ob wir Gottes oder unseren eigenen Willen tun wollen. Im ersten Fall fließen wir mit dem Gesetz – und es ist gut; im zweiten Fall stemmen wir uns dagegen – und es ist böse. Aber tut Gott nicht alles? Gut und Böse? Die Weisen raten uns zu diesem (transzendenten) Blickwinkel, allerdings kontinuierlich. Wenn wir uns nämlich *in jedem Moment* der Tatsache bewußt sind, daß es Gott ist, der *alles* tut, dann haben wir unser Ziel erreicht – und Gut und Böse existieren nicht mehr.

Haß

Auch Haß ist eine der wunderbaren Formen, durch die sich Gott ausdrückt, sagen die Weisen und provozieren damit die Frage: Warum also sollten wir nicht nach Herzenslust hassen? Weil es schmerzhaft ist für den, der haßt, ist ihre Antwort. Wir wissen selbst, daß es Zeiten gibt, in denen wir glücklicher sind als dann, wenn wir gerade intensiv hassen, unabhängig davon, was die Konsequenzen sein werden. Außerdem macht Haß häß-lich. Wir brauchen nur in den Spiegel zu schauen, wenn wir so richtig tief drin stecken im Haß, um zu merken, daß die Sprache gar nicht so unrecht hat. Doch selbst wenn wir aus Schönheitsgründen (und was tun wir nicht alles für die Schönheit) Haß abstellen wollen – so einfach geht das nicht.

Der Rat der Weisen: »Wenn ihr schon hassen müßt, dann haßt Gott beziehungsweise den Guru«, dürfte überraschen, doch es steckt Logik dahinter: Alle Gedanken, Worte und Taten mit ganzer Intensität auf Gott richten – das ist die wesentliche Bedingung zur Selbst-Verwirklichung. Wenn wir hassen, haben wir große Intensität. Wir sind dann »kalt« vor Haß und nicht »heiß« vor Liebe, aber wenigstens sind wir nicht lau Gott gegenüber. Wenn wir in Gedanken ständig bei Ihm sind, wird das seine Wirkung nicht verfehlen. Er wird uns die Chance geben, durch unseren Haß hindurch seine Liebenswürdigkeit zu sehen. Paulus, der frühere Christushasser, ist dafür ein gutes Beispiel.

Hektik

Wenn wir unsere heutige Gesellschaft beschreiben wollen, kommen wir kaum ohne den Begriff Hektik aus. Hektik ist fast so etwas wie ein Statussymbol geworden: Ohne Hektik im Leben kein Fortschritt, kein Erfolg. So scheint es, aber im Grunde ahnen wir, daß das nicht stimmt.

Die Weisen bestärken uns in dieser Ahnung. Sie raten uns, nicht der Hektik zu verfallen, denn es gibt absolut keinen Grund zur Hektik, sie behindert uns vielmehr. Erstens haben wir die ganze Ewigkeit zur Verfügung, zweitens ist nur der gegenwärtige Augenblick von Bedeutung – und in diesem, wie in jedem Augenblick, geht es in erster Linie darum, aufmerksam und bewußt zu sein. Wenn wir hektisch werden, sind wir alles andere als aufmerksam und bewußt. Hektik ist eng mit Angst verbunden; das ist ein Zeichen, daß wir die Verbindung zu unserem Selbst verloren haben.

Theoretisch ist das wahrscheinlich leicht nachzuvollziehen – aber wie in die Praxis umzusetzen? Hektik ist wie eine Seuche, die alle ab und zu erfaßt. Die Weisen raten zum Vertrauen, daß, wenn wir unser Bestes tun, sich auch alles andere optimal entwickeln wird. Was möglich ist, ist so am besten möglich. Was nicht möglich ist, wird auch durch Hektik nicht möglich. Wenn wir uns probeweise danach verhalten (es zumindest versuchen), werden wir wohl bald Beispiele dafür haben, daß das stimmt.

Hingabe

Wir müssen das, was wir nicht sind, aber glauben zu sein, hingeben an das, was *ist*, sagen die Weisen und fordern uns so zur Hingabe an Gott auf, denn das, was ist, nennen sie Gott, und das, was wir glauben zu sein, aber nicht sind, ist unser Körper und Geist. Wir hängen nun aber an unserem Körper und an dem vielfältigen Inhalt unseres Bewußtseins. Doch erst dann, wenn wir radikal alles – ohne jegliche Reserven – Ihm hingeben, werden wir uns der Ein-heit mit Ihm bewußt, erklären die Weisen. Angenommen, wir seien uns rein intellektuell im klaren darüber, daß es sich nicht lohnt, am Schein zu hängen, und wollen diesen Schein für die Wahrheit »hingeben«. Wie machen wir das?

Die Weisen nennen uns zwei Wege: Zum einen können wir uns so verhalten, wie das Junge vom Affen, das sich fest an die Mutter klammert. Ähnlich können wir uns fest an Gott klammern, ständig an Ihn denken, alles für Ihn tun. Zum andern können wir uns so verhalten, wie das Junge von der Katze, das sich einfach tragen läßt. Wir brauchen nur ständig in dem Vertrauen zu leben, daß das, was immer Er uns schickt, schon gut für uns ist. Der zweite Weg ist schwieriger, behaupten die Weisen. Er verlangt nämlich statt der eigenen Anstrengung bereits die völlige Aufgabe von allem »Eigenen« – und der Weg ist damit auch das Ziel.

Ich

Wer bin ich? fragten die Weisen Indiens. Wir fragen normalerweise anders: Wer bist du? Uns selbst kennen wir ja schließlich, denken wir. Aber kennen wir uns wirklich? Wissen wir, was das, was wir unter unserem Ich verstehen, ist? Wir leben mit diesem Ich ein ganzes Leben lang und wissen selbst am Ende noch nicht, was es eigentlich ist – ist es der Körper, der Verstand, die Intelligenz, die Persönlichkeitszüge oder das alles zusammen?

Die Weisen raten uns, dem Ich auf den Grund zu gehen. Wenn wir uns ernsthaft auf die Suche nach dem Ich machen, werden wir zwangsläufig entdecken, daß es nur eine Scheinexistenz hat, daß es sozusagen ein Phantom ist, versichern sie. Dem Ich blüht also Ähnliches wie unserer anscheinend so konkreten materiellen Welt. Es löst sich bei genauerer Betrachtung auf. Nur während wir im Falle der materiellen Welt das Forschen nach der Substanz den Physikern überlassen können, müssen wir uns im Falle des Ich selbst anstrengen. Fang damit an, dem »Ich bin« auf die Spur zu kommen, raten die Weisen. Dieses »Ich bin« ist unsere elementarste Gewißheit, und dieses »Ich bin« ist uns allen gemeinsam. Widersteh der Versuchung, dem Ich-bin »dies« oder »das« hinzuzufügen, denn eins ist sicher: darauf, was wir sind, können wir nicht mit dem Finger zeigen und es auch nicht benennen.

Informiert sein

Zeitung lesen, Nachrichten hören, sich über aktuelle Ereignisse in Politik, Wirtschaft, Gesellschaft im In- und Ausland informieren – das nimmt einen großen Teil unserer Freizeit ein, und wir haben wenigstens das Gefühl, sie sinnvoll genutzt zu haben. Schließlich muß man am Weltgeschehen teilnehmen – und, sagen die Weisen, auf diese Weise glauben wir, daran teilzunehmen, und sie regen an, einmal genauer hinzuschauen. Nehmen wir so wirklich am Weltgeschehen teil? Wohl kaum, zumindest nicht so, wie wir es uns gerne vormachen, müssen wir ehrlicherweise zugeben. Aber selbst wenn wir nicht am Weltgeschehen teilnehmen – trägt unser Informiertsein nicht wenigstens dazu bei, daß wir – als reife und verantwortungsbewußte (weil informierte) Menschen – nicht mehr so leicht am Gängelband zu führen sind?

Die Weisen raten zu unterscheiden: Es gibt ohne Zweifel Ereignisse, über die wir informiert sein sollten – es sind die Ereignisse in unserem direkten Einflußbereich. Doch alles andere, worüber wir uns zum Teil so begierig, zum Teil sogar aus Pflichtgefühl informieren, bringt im Grunde nichts, ja es schadet uns nur, denn wir vergeuden unsere Zeit damit, die wir besser dazu benutzen sollten, herauszufinden, was Wahrheit ist, wer wir in Wahrheit sind. Wenn wir das tun, sind wir wirklich reife und verantwortungsbewußte

Menschen, die nicht mehr am Gängelband zu führen sind. Außerdem nehmen wir dann so optimal, wie wir nur können, tatsächlich am Weltgeschehen teil.

Japa

Vielleicht haben wir noch nie etwas von Japa (=Dschapa) gehört. Dann sollten wir uns glücklich schätzen, daß wir es jetzt hören, denn Japa ist der leichteste Weg zu Gott, behaupten die Weisen, und außerdem der sicherste. Worum geht es bei Japa? Es geht ganz einfach darum, Gott ständig beim Namen zu rufen, laut oder im Herzen, und natürlich mit den Gedanken »dabei« zu sein. Wenn wir etwas wirklich dringend wollen, fassen wir uns meist kurz. Zum Beispiel bei großem Durst rufen wir »Wasser« oder in Not »Hilfe«. Wenn wir von Gott »persönlich« dringend etwas wollen, reicht es aus, seinen Namen zu rufen. Langes, wortreiches Bitten läßt eher vermuten, daß wir neben dem Wunsch nach Ihm noch anderes im Kopf haben.

Gott und sein Name sind eins, sagen die Weisen, und wir brauchen nur einmal den Namen eines geliebten Menschen auszusprechen, um zu ahnen, daß das stimmt. Er ist alle Namen, sagen sie. Wir können den wählen, der uns am meisten liegt. Wenn wir nun ständig seinen Namen rufen, wird Liebe in uns wachsen, versichern sie. Mit Liebe wird Meditation einfach, und Meditation ist die Vorstufe zur Befreiung... Die Weisen legen uns deshalb Japa dringend ans Herz. Wir sollten nicht glauben, daß diese Methode nur etwas für »spirituelle Anfänger« ist, denn Japa führt uns bis zum Ziel, indem sie den wilden Gedankenstrom zähmt und vor allem Liebe wachsen läßt. Sie ist ungefährlich, denn sie zielt nicht, wie manche andere Methoden, auf übernatürliche Kräfte ab, die sich leicht als Falle für uns erweisen können.

Jenseits

Daß es ein Jenseits gibt, wird heute wieder überwiegend angenommen. Wir wundern uns vielleicht, wie wir bei gesundem Menschenverstand je daran zweifeln konnten. Es ist also nicht mehr so sehr die Frage, *ob* es ein Jenseits gibt, sondern vielmehr, *wie* es ausschaut. Wir überlegen, wie wir Einblicke gewinnen können, um zu erfahren, was uns eines Tages erwartet.

Doch die Weisen raten uns zu einer anderen Art von Vorbereitung. Sie behaupten, unser Schicksal nach dem Tod hänge davon ab, was wir beim Sterben denken. Wir sollten uns also nicht darum sorgen, wie das Jenseits aussieht, sondern wir sollten uns darum kümmern, wie unsere Gedanken aussehen; denn jeder Moment kann der letzte sein, und beim Sterben denkt man automatisch das, was man ein Leben lang gewohnt war zu denken. Die Weisen sagen uns auch, an was wir denken sollen: nämlich an Gott, denn nur so haben wir die Chance, aus dem Kreislauf von Geburt und Tod durch diesen unseren kommenden Tod auszubrechen.

Wir haben also eine große Chance vor uns, doch wir können nicht schummeln, wenn es darum geht, Gott zu erreichen. Die Vorbereitung muß laufen, solange wir leben, und wir sollten sie ernst nehmen. Wenn wir das tun, geben wir nicht nur unserem Leben seinen Sinn, sondern haben auch die Chance, daß der kommende Tod unser letzter ist – und sich das Diesseits wie das Jenseits in der Realisation der Einheit auflösen.

Kali-Yuga

Die Inder unterteilen einen Zeitzyklus in verschiedene Epochen, sogenannte Yugas. Das Kali-Yuga ist die schwärzeste aller Epochen. In ihr befinden wir uns gerade, sagen die Weisen, was uns sicher nicht schwerfällt zu glauben. Im Kali-Yuga hat der Mensch seine göttliche Natur fast völlig vergessen; er klebt an der materiellen Erscheinungswelt, hält sie allein für wirklich und glaubt, sein Körper zu sein. So beschreiben die Weisen das Kali-Yuga, und wir erkennen zweifellos unsere Zeit. Wenn für unsere Zeit Dunkelheit und Ignoranz sozusagen vorbestimmt sind, sind wir dann nicht machtlos? Bleibt uns nur übrig, einfach zu bedauern, daß wir ausgerechnet in dieser Zeit leben? Ist unsere Ignoranz damit entschuldigt?

Die Weisen sagen: Wir sind weder zu bedauern noch entschuldigt; im Gegenteil – wir sind zu beglückwünschen, denn in keinem andern Yuga ist es so leicht, Gott gnädig zu stimmen, wie im Kali-Yuga. Im Kali-Yuga reicht es aus, ganz einfach Gott beim Namen zu rufen (Japa), und – Er kommt! Er weiß schließlich, wie schwer es uns fällt, Wege, die Disziplin und Askese verlangen, einzuschlagen. Er macht es uns also besonders leicht, so leicht, daß uns andere Wesen, die in anderen Yugas geboren wurden, angeblich sogar um unser großes Glück beneiden, denn was sie nur in vielen Jahren harter Askese erreichten, fällt uns in den Schoß, wenn wir nur einmal, allerdings ernsthaft und mit Nachdruck, Gott bei seinem Namen rufen.

Karma

Statt »Der hat aber Glück« hört man unter »Insidern« aus dem Westen immer häufiger den Spruch: »Der muß aber gutes Karma haben!« Ob wir nicht etwas leichtfertig mit diesem ehrwürdigen Sanskritbegriff umgehen? Karma heißt kurz gesagt: Wie man sät, so erntet man. Es ist das Gesetz von Ursache und Wirkung, das uns sowohl persönlich als auch kollektiv die »Schuld«, das heißt die Ursache für die derzeitigen Umstände, die Wirkung, in die Schuhe schiebt. Es geht zum einen davon aus, daß wir *verdient* haben, was uns widerfährt, und zum andern, daß die allumfassende Intelligenz, das absolute Bewußtsein, diese »Verdienste« optimal und voller Liebe »berechnet« und »zuteilt«, bedacht darauf, daß jeder die Chance hat zu erkennen, worum es im Leben wirklich geht. Jeder Umstand ist voller Liebe ganz persönlich zugeteilt. Sollten wir wirklich unser beschränktes Urteilsvermögen einschalten und verkünden: dieser Umstand ist gut und jener schlecht?

Die Weisen raten uns davon ab, sich im vermeintlichen Glück auf die Schulter zu klopfen nach dem Motto: »da muß ich aber früher mal etwas Gutes getan haben«. Gottes Beschlüsse sind undurchschaubar, auch wenn wir denken, wir hätten eine Gesetzmäßigkeit entdeckt. Von unserem Blickwinkel aus existiert das Gesetz von Ursache und Wirkung, doch wir wissen noch lange nicht, welche Wirkung eine Ursache hat.

Klatsch

Klatsch möchten wir es vielleicht lieber nicht nennen – wir reden halt nur gern über andere. Daß wir dann auch über die Schwächen anderer reden, ergibt sich einfach. Doch die Weisen raten uns dringend ab, unsere Zeit mit solchem Klatsch zu vergeuden, denn er schadet uns, auch wenn es so aussieht, als ob wir eher den anderen schaden. Sie behaupten: Alles, was wir als Schwächen bei anderen sehen, haben wir potentiell auch in uns, sonst könnten wir nämlich diese Schwächen gar nicht erkennen. Sie fordern uns auf, die Fehler und Schwächen von anderen zu übersehen, statt dessen unsere Schwächen zu erkennen und dort radikal mit dem Reinigen zu beginnen. Dazu müssen wir jegliches negative Gerede über andere aufgeben, denn damit sammeln wir nur mehr Dreck bei uns selbst an. Könnten wir uns zum Beispiel vorstellen, daß weise, vorbildliche Persönlichkeiten Negatives über andere sagen? Doch diese weisen Persönlichkeiten gibt es bei uns offenbar kaum noch, denn selbst im öffentlichen Leben gehört die »üble Nachrede« zum Repertoire beim Versuch, sich selbst in ein besseres Licht zu rücken. Doch das Licht wird dadurch bestimmt nicht besser – im Gegenteil. Es wird aber garantiert sehr viel besser, wenn wir negatives Gerede kompromißlos aufgeben, versprechen die Weisen und raten, es auszuprobieren.

Körper

Unser Körper – jahrelang ein Stiefkind gegenüber unserem Intellekt – rückt heute wieder mehr in den Vordergrund. Das Körper-bewußt-sein wurde entdeckt: Wir lernen, Zeichen, die uns der Körper gibt, zu verstehen und sind bemüht, besser für ihn zu sorgen als bisher. Sicherlich ein positiver Trend. Die Weisen raten uns auch, unseren Körper in guter Form zu halten. Es ist ein großes Glück, sagen sie, in einem menschlichen Körper geboren zu sein, und dieses Glück sollten wir nicht verscherzen, denn daß wir zur Zeit einen Körper haben und – vorübergehend – in dieser Welt sind, das macht es uns möglich, ein Stück weiterzukommen auf unserem Weg, unser Lebensziel zu erreichen. Wir, die wir einen menschlichen Körper haben, haben als einzige unter den unzähligen Billionen von Lebewesen auf dieser Erde die Chance, die Wahrheit bewußt zu realisieren. Der Körper und die Sorge für ihn ist also nicht Selbstzweck, doch als Mittel zum Zweck ist der Körper unentbehrlich; deshalb sollten wir auf seinen Zustand achten – und ihm das geben, was er braucht, aber auch nicht mehr, denn unsere erste Sorge muß unserem wahren Selbst gelten, sagen die Weisen – eine Sorge, die uns der Körper mit seiner Weisheit sicher nicht übelnehmen wird.

Kritik

Kritik ist ein Zeichen von Intelligenz, davon, daß sich jemand seine eigenen Gedanken macht. So vermuten wir und haben in gewisser Weise auch recht. Aber ob wir es mit unserer Kritik nicht manchmal übertreiben? Vielleicht sollten wir einmal überlegen, was wir mit unserer Kritik eigentlich wollen. Vermutlich auf Fehler und Mängel aufmerksam machen in der Hoffnung, daß sie behoben werden. Da Fehler und Mängel häufig vorkommen – genauer: von Menschen gemacht werden – glauben wir, der Kritik einen Großteil unseres Redeflusses widmen zu müssen, abgesehen davon, daß wir es gerne tun.

Doch die Weisen raten, sich Kritik genauer anzuschauen. Zum Beispiel: *Was* kritisieren wir? In der Hauptsache wohl, was andere gemacht haben, egal ob in Politik, Wirtschaft, Gesellschaft, Kunst, in der Ferne oder in der Nachbarschaft. Ob wir etwa einen Bereich vergessen haben? fragen die Weisen und meinen: uns selbst, unser eigenes Verhalten. Dort sollten wir unsere Kritik in erster Linie üben, Fehler und Mängel aufdecken – und beheben, denn dort sind wir auch zuständig, sie zu beheben. Wenn wir glauben, im Verhalten anderer Mängel zu entdecken, die der Betreffende offenbar selbst nicht sieht, sollten wir unsere Kritik als Angebot verstehen, es ehrlich, unaufdringlich und mit Liebe zu machen, unsere Absicht vorausgesetzt, daß die Kritik auch eine positive Wirkung haben wird. Ein »vor den Latz knallen« dürfte die Fronten nur verhärten, und sie bei anderen loszuwerden, ist reine Zeitverschwendung.

Kundalini

»Kundalini – das kenn ich«, ist im Westen immer häufiger die Reaktion auf diesen Sanskritbegriff. Die Gefahr besteht zu glauben, daß wir Kundalini tatsächlich kennen. Kundalini ist im Prinzip das Gleiche wie »Gott« – unvorstellbar im wahrsten Sinn des Wortes. Wenn ich es nun trotzdem zu beschreiben versuche, kann ich vielleicht Kandalini die weibliche Seite von Gott nennen, die alles bewegende Energie, die das Universum in jedem Moment schafft – aus dem statischen absoluten Bewußtsein heraus, der männlichen Seite von Gott.

Die Energie (Kundalini, Shakti) und das Bewußtsein (Shiva) sind eins, aber *scheinbar* getrennt, worauf das Spiel der Schöpfung beruht, das – individuell und universell – zur bewußten Einheit zurückstrebt. Die Weisen sagen nun, im Menschen liegt die Kundalini am unteren Ende der Wirbelsäule, einer Schlange vergleichbar aufgerollt. Shiva hat seinen Sitz unter der Schädeldecke, zu dem sich die Kundalini hinbewegt und ein schlafendes Zentrum aktiviert, wenn die Zeit reif ist, die Einheit zu erfahren.

Die Weisen warnen davor, die Kundalini mit »Technik« und aus egoistischen Motiven »hochtreiben« zu wollen, da das ganz bestimmt – so wird versichert – zu unerwünschten Ergebnissen führt, zum Beispiel zu psychischen Störungen. Nicht um das Aufsteigen der Kundalini müssen wir uns kümmern, behaupten die Weisen, sondern um den Kontakt zu Gott und um ein reines Herz, frei von jeglichem Egoismus.

Lebensordnung

Wollen wir eigentlich unser Leben in verschiedene Abschnitte ordnen, oder haben wir nicht recht gern die traditionelle Ordnung früherer Zeiten hinter uns gelassen? Bloß – haben wir einen guten Ersatz gefunden? Der neue Orientierungsrahmen für jedes Alter scheint zu sein »jung, aktiv, dynamisch beziehungsweise schön – bis zum Tod«. Vielleicht regt die Lebensordnung der indischen Weisheit an, diesen Orientierungsrahmen einmal zu überdenken. Das Leben hat danach vier Abschnitte:

1. die Zeit zu lernen und mit dem spirituellen Erbe vertraut zu werden;

2. die Zeit, eine Familie zu gründen und für sie und die Schwachen der Gesellschaft zu sorgen – natürlich mit rechtschaffenen Mitteln und in der Haltung, Gott dadurch zu dienen;
3. die Zeit, sich allmählich vom aktiven Leben zurückzuziehen und Rechte und Pflichten den inzwischen erwachsenen Kindern zu übergeben;
4. die Zeit, völlig der Gottsuche zu leben – idealerweise in der Einsamkeit, bis zum Tod.

Das war also kurz die normale Lebensordnung im alten Indien, bei der die Suche nach der Wahrheit nicht nur den wandernden Mönchen und Nonnen (Saddhus) überlassen wurde. Ob wir diese Suche nach der Wahrheit auch in unseren Orientierungsrahmen integrieren können? Wir würden es sicher nicht bereuen.

Lebenssinn

Die Frage, ob das Leben einen Sinn hat, stellt sich mit der zunehmenden Depression in unserer Gesellschaft für mehr und mehr von uns. Wir merken allmählich, daß es sich nicht lohnt, hinter unseren Wunschzielen herzujagen. Doch es scheint nichts zu geben, was dieses Jagen ersetzen könnte – was bleibt ist Leere, Sinnlosigkeit.

Geben wir da nicht zu früh auf? Die Weisen sagen, das Erkennen, daß die Welt nicht hält, was sie verspricht, ist ein guter Anfang. Es ist notwendig, um sich auf den Weg zum wahren Lebensziel zu machen; dieses Ziel gibt dem Leben einen Sinn. Sie sagen sogar, jeder einzelne Moment ist sinnvoll. Jeden Moment haben wir die Wahl, uns dem Ziel zu nähern oder uns von ihm zu entfernen. Es gibt bestimmte Bedingungen, die wir erfüllen müssen, bevor wir das Ziel erreichen können. Unser Leben ist dazu da, diese Bedingungen mehr und mehr zu erfüllen. Aldous Huxley gibt ein Beispiel: So, wie wir Wasser recht drastisch behandeln müssen, um seine Komponenten zu erhalten, genauso müssen wir uns recht drastisch behandeln, um Gott in uns zu entdecken. Der erste Schritt dieser Behandlung ist unter allen Umständen Reinheit in Gedanken, Worten und Taten.

Lebensunterhalt

Wovon soll ich denn bloß leben? Diese Frage beschäftigt heute fast eine ganze Generation. Auf den Job ist offensichtlich kein Verlaß mehr. Außerdem – immer mehr von uns wollen ja nicht mehr nur einen Job, sondern etwas tun, was wirklich Sinn hat. Das ist ohne Zweifel eine erfreuliche Entwicklung, die allerdings noch in ihren Anfängen steckt, denn viele wissen nicht, was wirklich Sinn hat, und die, die es zu wissen glauben, sehen nicht, wie sie davon rein finanziell leben können. Die Sorge um den Lebensunterhalt unterminiert alle Versuche, etwas Sinnvolles zu schaffen.

Doch diese Sorge ist völlig überflüssig, versichern die Weisen – vorausgesetzt, wir wollen wirklich etwas Sinnvolles schaffen. Sinnvoll ist, sich nach bestem Wissen auf den Weg zur Selbstverwirklichung zu machen und dabei zu tun, was man – ehrlich – glaubt, tun zu sollen. Unser Selbst, das wir erreichen wollen, kümmert sich dann garantiert um unseren Lebensunterhalt – ja, es unterhält bereits die ganze Zeit unser Leben. Doch dieses Vertrauen in unser Selbst aufzubringen, ist schwierig, ist einem Sprung ins Unbekannte vergleichbar und nur mit Mut zu bewältigen. Doch die Weisen im Osten wie im Westen versichern mit allem Nachdruck, daß wir bestimmt besser aufgefangen werden, als wir uns träumen lassen. Sollten wir den Sprung nicht einfach wagen?

Lebensziel

Gibt es ein für alle gültiges Lebensziel? Vielleicht denken wir jetzt an so gängige Ziele wie »viel Geld«, »angesehener Beruf«, »gute Beziehungen«, hinter denen fast alle herlaufen und die scheinbar für alle gelten.

Doch die Weisen sagen: Solche Ziele sind Wunsch-Ziele (siehe Wünsche). Sie beziehen sich alle auf diese Welt, und spätestens beim Sterben werden wir merken, daß wir einer Täuschung zum Opfer fielen, denn diese Ziele halten nicht, was sie versprechen.

Aber es gibt ein für alle gültiges Lebensziel, ein Ziel, das sich nicht auf diese Welt bezieht und das nicht enttäuscht. Es ist die bewußte Vereinigung mit dem absoluten Bewußtsein, mit Gott, und damit das Auflösen meines begrenzten Ichs. Dieses Ziel mag abstrakt klingen für uns, die wir davon weit entfernt sind – aber die Weisen sagen, es sei tatsächlich für jeden früher oder später erfahrbar. Sie sagen, alles, der ganze Weltentanz, beruhe auf absolutem Bewußtsein. Alles ist in Wahrheit dieses Bewußtsein – alles, also auch du und ich. Das zu erfahren, ist das höchste und für alle gültige Lebensziel – auch wenn wir es in unserer so fortschrittlichen Gesellschaft vergessen haben.

Leid

Es gibt Leid in dieser Welt – einen Grund dafür und einen Weg zu seiner Überwindung, sagen die Weisen. Wir wissen aus eigener Erfahrung: es gibt Leid, sehen aber den Grund nicht und auch nicht den Weg zur Überwindung. Die Weisen erklären: Leid – mit Ausnahme von körperlichem Schmerz – ist geistig. Es basiert auf Gedanken und Gefühlen und ist im Grunde ein Warnsignal für das Ego, daß ihm Veränderung oder Verlust droht. Leid muß nicht sein – es kommt daher, daß wir uns dem, was auf uns zukommt, widersetzen, daß wir unsere eigenen Vorstellungen davon haben, was für uns gut sei, daß wir nicht bereit sind, mit dem Leben harmonisch mitzufließen.

Der Weg zur Überwindung von Leid ergibt sich daraus: Akzeptiere die Gegenwart, akzeptiere das Unvermeidliche. Doch offenbar ziehen wir das Leid vor. Es scheint leichter, angenehmer, ja wir können uns unser Leben ohne Leidklagen fast nicht vorstellen. Hier raten die Weisen: Hadere nicht mit deinem Leid. Gib ihm vielmehr die Chance, Geburtshelfer zu werden für den Wunsch, Leid ein für allemal zu überwinden. Für diese Geburtshelferrolle scheint das Leid prädestiniert zu sein und erweist sich dadurch als Segen, denn die Geburt dieses Wunsches wird von den Weisen als ein wahrhaft freudiges Ereignis gefeiert.

Liebe

Wir benutzen gewöhnlich dieses Wort, als ob wir wüßten, wovon wir reden. Lieben wir wirklich? Was ist Liebe eigentlich? Die Weisen sagen, Liebe ist unser wahrer Zustand. Wir sind voll davon, denn wir sind göttlich, und Gott ist Liebe. Aber genauso, wie wir nicht sehen, daß wir göttlich sind, genauso sind wir abgeschnitten von dem ungeheuren Liebespotential, das in uns ist.

Wir alle kennen wohl Momente, in denen wir einen Funken dieser Liebe spürten und intuitiv ahnten, daß das das wahre Glück ist. Doch wir irren, sagen die Weisen, wenn wir glauben, daß dieses Glück mit einem bestimmten Menschen zusammenhängt. Solange wir sagen: diesen Menschen liebe ich und diesen nicht, solange ist etwas falsch mit unserer Liebe – und wir selbst wissen das meistens auch. Es geht in unserem Leben darum, Zugang zu dieser wahren Liebe in uns zu finden, Zugang zu Gott zu finden. Das scheint schwierig, denn wie kann ich das lieben lernen, aus dem ich und aus dem alles gemacht ist? Die Weisen sagen: Bitte darum! Öffne dich für Gott, und allmählich wird diese Liebe in dir aufbrechen, die nichts verlangt und die auch keine Unterschiede mehr macht.

Maya

»Alles, was wir sehen, ist Maya!« Diese Erkenntnis setzt sich auch allmählich bei uns im Westen durch. Oder ist es nur der Spruch, der sich durchsetzt? Wir sagen ihn oft recht leicht dahin und glauben vielleicht sogar, den Durchblick zu haben. Doch durch Maya hindurch blicken wir erst, wenn wir an unserem Ziel ankommen und »sehen«, was in Wahrheit ist, sagen die Weisen. Was ist also Maya?

Maya ist ein Name für etwas, das gar nicht existiert und doch von uns allen gesehen wird. Dazu eine Analogie: angenommen, wir halten in der Dunkelheit ein Seil für eine Schlange. Wir sehen dann eine Schlange, auch wenn sie in Wirklichkeit gar nicht existiert.

Maya ist nun die Macht, die für diese Verblendung »zuständig« ist. Es handelt sich um eine ungeheure Macht, denn alles, was wir in diesem Universum mit seinen gigantischen Ausmaßen und mit seiner unvorstellbaren Vielfalt wahrnehmen, ist im Grunde etwas ganz anderes. Doch *was* es ist, sehen wir einfach nicht. Solange wir davon überzeugt sind, daß es eine Schlange ist (durch die Macht von Maya), helfen uns selbst Diskussion und Spekulation wenig. Wir brauchen Licht, und dieses Licht ist in uns. Doch Maya macht es uns nicht leicht, zu ihm vorzudringen. Wenn wir nicht allem radikal auf den Grund gehen beziehungsweise uns fest an unser Selbst klammern, halten wir den Mond (Intellekt) für die Lichtquelle statt der Sonne (unserem Selbst).

Meditation

Meditation, das Herzstück östlicher Weisheit, wird auch bei uns geschätzt. Es geht darum, die Aufmerksamkeit voll und ganz nach innen zu richten – zu unserem Selbst, zu Gott. Mit der Zeit lernen wir dieses Innen besser kennen. Letztes Ziel ist jedoch, bewußt die Einheit mit unserem Selbst zu erfahren. Meditation kann dazu führen, wenn auch nicht es erzwingen, sagen die Weisen. Sie erklären mit einer Analogie: Ohne Seife wird Wäsche nicht sauber, aber am Ende muß die Seife abgespült werden. Die Aufmerksamkeit auf Gott zu richten, ist dem Einseifen vergleichbar. Wann abgespült wird – darum brauchen wir uns nicht zu kümmern.

Wie können wir nun »einseifen«? Grob gibt es drei Arten zu meditieren:

1. »einfach« die Aufmerksamkeit nach innen richten und voll bewußt bleiben, was recht schwierig ist, da die Aufmerksamkeit keine konkreten Anhaltspunkte hat;
2. die Aufmerksamkeit an Bewegung »hängen«, zum Beispiel an den Atem oder an ein Mantra;
3. die Aufmerksamkeit auf einen persönlichen Gott lenken, vorausgesetzt natürlich, daß bereits eine Beziehung zu diesem Gott, wie immer man ihn nennen mag, da ist.

Doch Technik ist nicht das Wesentliche bei der Meditation, sondern *Liebe* ist der Schlüssel auch hier: Was man liebt, fesselt automatisch die ganze Aufmerksamkeit. Meditation über das Selbst und Liebe zu ihm bedingen sich also gegenseitig. Mit Meditation können wir den Anfang machen.

Meinung

»Hast du etwa keine Meinung dazu?« Eine vernichtende Frage, heute, wo eine Meinung zu haben fast so etwas wie ein Kennzeichen der reifen Persönlichkeit ist. Meinungsbildung scheint gerade in unserer Zeit der Massenmedien leicht, gerechtfertigt, ja sogar erforderlich zu sein. Doch sie birgt eine Gefahr in sich: »Eine Meinung zu haben« heißt nicht »zu wissen« – und das wird oft übersehen, denn haben wir erst einmal eine feste Meinung, glauben wir plötzlich zu wissen. Ein Beispiel: »Ich meine, daß es Wiedergeburt nicht gibt« wird leicht zu: »Wiedergeburt ist doch absoluter Quatsch!« Damit verbauen wir uns die Chance, das Wissen zu lernen.

Zu erkennen, daß wir nichts wissen, ist ein wichtiger Schritt zu echtem Wissen, sagen die Weisen. Aber dieser freie Raum des Nicht-Wissens macht Angst, und bewußt oder unbewußt kleistern wir ihn mit Meinungen zu. Doch nur im freien Raum hat die Intuition eine Chance durchzubrechen. Intuition ist die beste und verläßlichste Quelle von echtem Wissen – dem Wissen, nach dem wir uns beruhigt richten können und das der rational und emotional kombinierten Meinung bei weitem überlegen ist. Nicht eine Meinung zu allem und jedem zu haben, ist nach Ansicht der Weisen ein Kennzeichen der reifen Persönlichkeit, sondern vielmehr den Mut zu haben, bei Nicht-Wissen vor sich und anderen einfach zuzugeben: »Ich weiß es nicht.«

Meinung anderer

Was wohl die andern denken? Mit dieser etwas ängstlichen Überlegung im Hinterkopf beurteilen wir häufig unser Verhalten. Wir atmen auf, wenn die andern eine »gute Meinung« von uns haben.

Doch die Weisen fordern uns sehr bestimmt dazu auf, absolut keinen Gedanken daran zu verschwenden, was wohl die andern denken, denn solange wir nach der Meinung anderer schielen, solange wir uns davon beeindrucken lassen, haben wir nicht begriffen, worum es wirklich geht: Es gibt in Wahrheit nur unser Selbst. Von unserem Blickwinkel aus gibt es auch noch uns – scheinbar getrennt sowohl von unserem Selbst oder Gott als auch untereinander. Unsere Aufgabe im Leben ist, unsere Einheit mit unserem Selbst/Gott zu realisieren, mit Ihm, der all-ein wirklich *ist*. Wenn wir also schon nicht helfen können, uns als »uns« (Ego) und als getrennt von Ihm zu erleben, sollten wir zumindest als unseren Bezugspunkt Ihn wählen und nicht die anderen Schein-Teile.

Um es klarer zu machen: Angenommen, unsere Körperteile erlebten sich als getrennt voneinander und außerdem als getrennt von uns selbst, wäre es dann nicht weitaus einsichtiger, wenn sich die rechte Hand um unsere Meinung und nicht um die der Füße kümmert? Es muß uns also an *Seiner* Meinung gelegen sein. Die sagt Er uns ganz privat, wenn wir nur bereit sind, zuzuhören.

Mind

Vielleicht gibt es deshalb kein passendes Wort im Deutschen für »Mind«, weil er unabhängig von seinem ständig wechselnden Inhalt gar nicht existiert. Der Inhalt ist das, was uns ununterbrochen durch den Kopf geht: Gedanken, Wünsche, Gefühle, Vorstellungen, Erinnerungen... Der Mind steht und fällt mit seinem Inhalt. Ist der Inhalt friedlich, ist der Mind friedlich – und dann sind wir friedlich, denn wir identifizieren uns gewöhnlich mit dem Mind.

Doch der Mind selbst ist nicht unabhängig, er braucht sozusagen Nahrung; die bekommt er entweder durch die Sinne oder vom Intellekt, sagen die Weisen. Lassen wir ihn (uns) treiben (Triebe), so verbündet er sich mit den Sinnen und jagt – ungezügelt wie ein wildes Pferd – den Wunschzielen der Welt nach, während unser Zuhause in der andern Richtung liegt. Es geht nun im Lebensspiel darum, ihn statt mit den Sinnen mit dem Intellekt zu koppeln, ihn dazu zu bringen, daß er ohne Murren die Befehle des Intellekts ausführt. Das dürfte uns eigentlich nicht schwer fallen; schließlich halten wir uns in erster Linie für intelligente, nicht für triebhafte Wesen.

Doch sind wir es auch? Ist das, was uns durch den Kopf geht, tatsächlich im Einklang mit dem, was wir als richtig eingesehen haben? Wenn nicht, sollten wir dem wilden Pferd seinen neuen Herrn, der mit starkem Willen die Zügel fest in die Hand nehmen muß, vorstellen. Die besten Zügel, die der Intellekt benutzen kann, ist Japa, sagen die Weisen.

Motivation

Auf die Motivation kommt es an – sagen die Weisen, und wir stimmen ihnen zu, denn ohne einen Beweggrund gäbe es ja gar keinen Grund, sich zu bewegen. Wir ordnen in der Regel alles, was wir tun, zwei verschiedenen Arten von Motivation zu: zum einen tun wir etwas, weil es uns Spaß macht, zum andern, weil wir etwas damit erreichen wollen. So halten wir uns ein ganzes Leben lang beschäftigt – und gehen damit an der Motivation, auf die es wirklich ankommt, glatt vorbei, sagen die Weisen. Sie meinen die reine Motivation. Auch sie ordnen alles, was wir tun, zwei Arten von Motivation zu: der reinen und der nicht reinen.

Unter nicht reiner Motivation verstehen sie: alles, was wir tun, entweder um selbst Spaß zu haben oder um etwas für uns persönlich zu errreichen – und erfassen damit recht gut alle unsere normalen Beweggründe mit Ausnahme vielleicht unserer Pflichten. Wir müssen uns also umpolen, wenn wir uns von der Motivation leiten lassen wollen, auf die es wirklich ankommt. Dann nämlich müssen wir das tun, was wir nach bestem (ge)Wissen und unserer Natur entsprechend glauben, tun zu sollen – nicht, weil wir etwas für uns wollen, sondern weil wir »Seinem Willen« nicht im Weg stehen wollen. Mit einer solchen Motivation hat das, was wir tun, die beste Wirkung, auch wenn ein Ergebnis gar nicht sichtbar ist. Ist aber die Motivation nicht rein, hat auch die größte wohltätige Spende eine negative Wirkung, versichern die Weisen.

Mut

Mut haben wir, wenn wir uns etwas trauen, was sich nicht jeder traut, zum Beispiel vom Zehn-Meter-Brett ins Schwimmbecken zu springen, bei einem Fernsehquiz aufzutreten... Mut schätzen wir hoch ein, ja wir bewundern ihn – und der, der Mut hat, kann sich auf die Schulter klopfen, denn er ist was wert.

Auch die Weisen schätzen Mut hoch ein, ja sie fordern ihn von uns, denn es wird viel Mut verlangt auf dem Weg zur Selbstverwirklichung. Wenn wir uns auf diesen Weg machen wollen (und die Weisen raten uns dringend dazu), müssen wir uns etwas trauen, was sich nicht jeder traut: wir selbst zu sein. Das klingt einfach, ist es aber nicht. Was wir nämlich gewöhnlich unter »uns selbst« verstehen, ist unser Körper, Mind und Intellekt – und dieses »wir selbst« ist – behaupten die Weisen – ein Nichts, ein Schein. Wir müssen also wagen, ein Nichts zu sein. Das unterscheidet sich vom herkömmlichen Mut, denn der zielt gerade darauf ab, »etwas« zu sein, versucht, der Realität noch einmal aus dem Weg zu gehen. Der Mut der Weisen dagegen schaut der Realität ins Auge: gelobt oder getadelt, gemocht oder nicht gemocht, reich oder arm... Das alles gehört zum Bereich des Scheins und muß mit gleichem Mut hingenommen werden. Daß dazu Mut gehört, werden wir merken, wenn wir es ausprobieren. Doch wir müssen ihn aufbringen, müssen wagen, ein Nichts – im Schein – zu sein, bevor wir alles – in Wirklichkeit – sein können.

Nachgeben

Wie kommen die Christen und Hindus im Dorf miteinander aus? war meine Frage. Gut, war die Antwort. Die Christen glauben, sie hätten den besseren Gott, und die Hindus lassen sie in dem Glauben. Wir können uns fragen, wie wir uns verhalten würden, wären wir diese Hindus. Ich vermute, wir würden zumindest darüber diskutieren und versuchen zu überzeugen, daß es keinen »besseren» Gott gibt. Wir wüßten uns schließlich im Recht, und warum sollten wir dann nachgeben? Doch die Weisen fragen, warum sollten wir *nicht* nachgeben? Glauben wir, Schwäche zu zeigen, wenn wir jemandem, der sich etwas »heraus« nimmt, es nach(her) geben? Geben wir im Prinzip nicht nach(her), weil wir die anderen lehren wollen?

Die Weisen raten uns, großzügig zu sein und zumindest keine inneren Widerstandskämpfe zu führen, die uns von unserem Mind diktiert werden. Er macht uns vor, daß wir schwach seien, wenn wir nachgeben, obwohl wir im Recht sind. Das mag stimmen, wenn wir mit Groll nachgeben. Wenn wir jedoch großzügig nachgeben und außerdem wissen, daß »recht haben« auf unserer Ebene doch etwas sehr Relatives ist, zeigen wir Stärke und haben außerdem inneren Frieden. Diese Haltung sollten wir der schulmeisterlichen vorziehen, die ohnehin kaum das erwünschte Ergebnis bringen dürfte.

Nächstenliebe

Nächstenliebe – das klingt irgendwie nach Wohltätigkeitsverein; diese oder ähnliche Assoziationen dürften jede andere Bedeutung überdecken. Zumindest würden wir es nicht Nächstenliebe nennen, wenn wir jemanden glauben zu lieben, auch wenn er uns sehr nah ist und damit unser Nächster. Doch daß dieser Begriff kaum noch mit Liebe assoziiert wird, hat wohl einen Grund: Was wir unter Liebe verstehen, ist selektive Liebe. Wir, die Egos, suchen einen oder einige heraus, die wir lieben, und die anderen schließen wir aus – außer in wenigen Momenten, in denen wir die ganze Welt umarmen könnten. Wir ahnen nun, daß Nächstenliebe umfassender sein und alle einschließen müßte.

Doch das scheint unrealistisch und über unsere Kräfte zu gehen. Wir sind froh, daß wir Nächstenliebe an Vereine delegieren konnten. Doch wir sollten fragen, ob die Liebe, die wir kennen, wirklich echte Liebe ist, raten die Weisen, und riskieren damit, daß für uns »echte Liebe« ähnlich klingt wie »Nächstenliebe«. Aber es gibt sicher keinen Grund anzunehmen, daß echte Liebe weniger schön sei als die doch oft stark vom Ego beeinflußte und damit auf Ignoranz beruhende Liebe, die wir kennen. Ganz im Gegenteil, behaupten die Weisen. Wir sollten es also wagen, Gott zumindest lieben zu *wollen*, denn nur so können wir auch uns und alle anderen wirklich lieben lernen.

Natur

»Das ist halt seine Natur« – bemerken wir vielleicht, wenn wir wieder mal einsehen müssen, daß andere eben anders sind. Es ist eine grundlegende Einsicht, sagen die Weisen, und wir sollten sie nicht nur in unseren großzügigen Augenblicken bereit haben. Jeder ist anders, und jeder muß nach seiner eigenen Natur leben, wenn er sein Leben erfüllen will. Die Menschen sind wie verschiedene Blumen in einem Garten. Jede Blume für sich betrachtet ist schön. Es gibt kein schöner oder weniger schön. Ein Vergleich ist sinnlos, denn es gibt kein Kriterium dafür. Das Veilchen und die Rose sind beide schön und perfekt in sich, denn sie entsprechen ihrer jeweiligen Natur.

Die Weisen raten uns, unserer Natur entsprechend zu leben und *keine* Vergleiche mit andern anzustellen; ein Rat, der offensichtlich gegen unsere Natur geht, denn wenn uns Gedanken in natürlicher Weise kommen, dann solche, die uns mit anderen vergleichen. Doch die Weisen sagen, daß das die »natürliche« Tendenz vom »Mind« ist, der – mit Maya verbündet – uns von unserer wahren Natur weglocken will. Er redet dem Veilchen ein, daß eine Rose viel schöner sei und daß das Veilchen doch versuchen solle, eine Rose zu werden. Was dabei herauskommt, können wir uns vorstellen. Statt auf solche eifrigen Gedanken sollten wir lieber auf unsere innere Stimme hören. Sie sagt uns nämlich, was unserer Natur entspricht. So werden wir nicht nur unsern Platz im Leben finden, sondern ihn auch optimal ausfüllen. Es ist unser ureigener Platz, der von Anfang an für uns reserviert war.

Neid

»Gott durchdringt das Größte wie das Kleinste. Deshalb brauchen wir nichts vom Nachbarn zu begehren.« So etwa fängt eine indische Schrift an und beraubt uns damit jeder Grundlage für Neid, denn wenn Alles (Gott) in allem ist, warum sollten wir dann jemanden beneiden? Und daß Alles in allem ist, behaupten nicht nur die Weisen, sondern vermutet auch unsere Wissenschaft in ihrer holographischen Theorie. Nur – wir sehen es anders, denn selbst wenn wir wissen, daß alles in Wahrheit von Gott durchdrungen ist – der Schein, daß dieses hier erstrebenswerter ist als jenes dort, zieht uns trotzdem in seinen Bann. Wenn unser Nachbar etwas hat, wonach wir streben, was wir aber nicht haben, dann werden wir »natürlich« neidisch. Die Weisen stimmen zu: Es handelt sich um ein »natürliches« Spiel von Kräften, zu dem auch unser Ego mit seinen Wünschen und Gefühlen gehört. Wenn wir uns nun fälschlicherweise mit dem Ego identifizieren, liefern wir uns diesem Spiel aus und leiden darunter oder freuen uns darüber, je nachdem. Unsere Aufgabe besteht darin, zu erkennen, daß wir *nicht* unser Ego sind und damit auch nicht neidisch. Wir sind vielmehr das, was alles durchdringt, also auch uns, voll und ganz. Daran sollten wir uns so oft erinnern, bis wir es keinen Augenblick mehr vergessen.

Notwendigkeit

Was halten wir nicht alles für eine Notwendigkeit! Fast alles, was wir haben und tun, scheint uns unbesehen notwendig. Wenn wir aber genauer hinschauen, müssen wir wohl einsehen, daß das alles unsere wirkliche Not nicht wendet. Es läßt unser Leben weiterlaufen wie bisher, das stimmt. Aber wollen wir, daß unser Leben weiterläuft wie bisher? Wenn nicht, sollten wir uns nach der wahren Notwendigkeit umsehen.

Die Weisen sagen uns, was das ist: ständig Gott beim Namen rufen (Japa), Meditation und alle Gedanken, Worte und Taten GOTT widmen. Das klingt vielleicht recht weltfremd. Schließlich wissen wir ganz genau, worum wir uns alles kümmern müssen; ständig an Gott denken, mag etwas für Müßiggänger sein, ist aber nichts für uns. Eine solche Haltung beruht auf Ignoranz, sagen die Weisen. Wenn wir so denken, haben wir uns offensichtlich noch keine intelligenten Gedanken über die Welt und unser Leben gemacht. Wenn wir erkennen, daß die Welt und unsere Persönlichkeit nur *scheinbar* wirklich sind (was sie sind), daß es aber eine *wirkliche* Wirklichkeit (Gott genannt) gibt, an der wir teilhaben, können wir dann noch unser Potential an Gedanken, Gefühlen, Taten... guten Gewissens auf den Schein verschwenden? Wäre es nicht weiser, unser Potential ganz der Wirklichkeit zu widmen? Was die Weisen für notwendig halten, mag also weltfremd sein, ist aber ganz bestimmt nicht realitätsblind.

Offenheit

Offen sein für Neues – das wurde die Devise für unsere moderne Zeit. Beim Versuch, alte Zöpfe abzuschneiden, merkten wir gar nicht, daß unserem Eifer nicht nur das Alte, Überholte, sondern auch das Alte, ewig Gültige zum Opfer fiel. Wir machten dem Alten gegenüber generell »zu« und schlossen so auch die Weisheit aus. Doch wir erkennen allmählich den Fehler, und mehr und mehr von uns sind dabei, die Tür wieder zu öffnen. Das ist ohne Zweifel nötig, um überhaupt wieder zuhören zu können, was die Weisen zu sagen haben.

Überprüfen dürfen (und sollten) wir es dann immer noch, zum

Beispiel ihre für alle Zeiten gültige Devise: offen sein für Gott. Dazu fordern sie uns auf, und wenn es geht, in jedem Moment sogar offen für Ihn zu sein. Doch was können wir mit dieser eher abstrakten Formulierung anfangen? Einem Menschen gegenüber offen sein heißt, ihn annehmen, wie er ist. Aber Gott? Ihn kennen wir in der Regel nicht. Die Weisen sagen, alles ist Gott, und für Ihn offen sein heißt, alles so annehmen, wie es ist, und es Ihm überlassen, was Er mit uns vorhat. Wir müssen sozusagen unser Einverständnis geben, daß Er mit uns machen kann, was Er will, und dann hoffen und bitten – beziehungsweise unser Möglichstes tun –, daß unser Ego mit seinen Wünschen Seinen Willen nicht abblockt. Das ist die Voraussetzung, um Seine Gnade auffangen zu können, sagen die Weisen – und Gnade, das ist der größte Reichtum, den es überhaupt gibt.

Pflichten

Ich würde ja gerne alles das tun, wozu die Weisen raten, aber mit drei kleinen Kindern geht das nicht, schrieb mir einmal jemand auf einen Artikel über alte Weisheit hin. Die Weisen sehen da allerdings kein Hindernis. Ihre Aussage ist klar: Erfülle alle deine Pflichten, so gut du nur kannst, in der Haltung, Gott in allem und jedem zu dienen. Doch – weise wie sie sind – raten sie auch: Nimm keine neuen Verpflichtungen auf dich.

Wenn wir ehrlich sind, waren ja viele unserer Pflichten ursprünglich gewollt. Eine Famile mag als einengend empfunden werden, irgendwann einmal haben wir sie gewollt. Der Job mag lästig sein

– auf die damit verbundenen Annehmlichkeiten wollen wir aber nicht verzichten. Die Weisen sagen, es kommt gar nicht so sehr auf die äußeren Umstände an, denn die sind so, wie sie sind, zumindest im Moment richtig für uns. Worauf es ankommt, ist, daß wir unsere erste Pflicht, ein menschenwürdiges Leben zu führen, erfüllen wollen, daß wir unser Bestes tun wollen unter den gegebenen Umständen.

Um das zu tun, sollten wir uns nicht noch weiter in Verpflichtungen dieser Welt gegenüber verstricken – ein Rat, der den Weisen von engagierten Wohltätern oft zum Vorwurf gemacht wird. Zu Unrecht, glaube ich: Nicht der spontane Dienst am Nächsten ist in diesem Sinn eine Verstrickung, sondern nur das organisierte und idealerweise unnötige Wohltätertum.

Praxis

Ob ich glaube, daß man Sanskrit studieren sollte, um alte Weisheit zu verstehen, fragte mich mal jemand. Auf meine Antwort, daß man vor allem das wenige, was man bisher verstand, in die Praxis umsetzen muß, denn dann wird der nächste Schritt automatisch klar, meinte der Fragende etwas enttäuscht: »Ja, aber das ist *sehr* schwierig...«

Diese Haltung ist leider weit verbreitet. Wir »praktizieren« inzwischen oft Meditation und Yogaübungen – sie haben vielleicht sogar ihren festen Platz im Tagesablauf, wie früher der Kirchgang –, aber danach, sozusagen im Leben, verlieren wir meist den Kontakt zur Weisheit. Allerdings meist nicht ganz, denn wir lesen ja gerade darüber.

Doch die Weisen sagen: Lesen kann nur Information geben. Den Beweis dafür, ob die Information stimmt, erhalten wir nur durch direkte Erfahrung in der Praxis. Darauf kommt es an. Viel lesen allein verwirrt nur, behaupten die Weisen. Mit Lesen können wir uns auch nicht vor der Praxis drücken. Eines Tages müssen wir mit der Praxis anfangen, wenn wir den Abschluß für das Leben bestehen wollen – und je früher desto besser. Wir sind spirituelle Anfänger, mit dem Erstkläßler vergleichbar, der uns allerdings den Mut voraus hat, den unüberschaubaren Wissensstoff, der ihn bis zum Uni-Abschluß erwartet, Schritt für Schritt in der Praxis in Angriff zu nehmen. Wir sollten seinen Mut kopieren und von ihm lernen, was es heißt, es immer und immer wieder zu versuchen. Dabei haben wir sogar den Vorteil, daß unser »Stoff« lebendig ist.

Quacksalber

»Falsche Propheten werden auftauchen, die Zeichen und Wunder tun.« Ein Deutscher zitierte mir die Stelle aus der Bibel vor den Toren eines Ashrams in Indien mit der Frage, ob ich glaube, daß der spirituelle Meister, den wir eben gesehen hatten, »echt« sei. Es ist ohne Zweifel eine wichtige Frage, die wir uns stellen müssen, wenn wir in Kontakt mit »solchen Menschen« kommen, denn – und das sagen auch die Weisen Indiens – es sind viele Quacksalber darunter. Unsere Zeit scheint mit ihnen besonders reich gesegnet zu sein, eben weil wir »Erleuchteten«, wie wir uns gewöhnlich nennen, generell aufgeschlossen sind, doch unsere Fähigkeit der Unterscheidung noch in den Kinderschuhen steckt. Wir haben keine Erfahrung mit Erleuchteten – und wer sich als solcher ausgibt, hat Chancen, dafür gehalten zu werden; die echten wie die falschen.

Wie aber können wir wissen, wer echt und wer falsch ist? Das ist gar nicht so einfach, es sei denn, das, was der Betreffende sagt, stimmt offensichtlich nicht damit überein, wie er lebt. Aber sonst gibt es nur ein subjektives Kriterium, ob jemand erleuchtet ist: seine ureigene Erfahrung, daß alles Gott ist. Wir sind also auf uns selbst angewiesen, und die Weisen raten, sich an das Selbst zu wenden, an Gott in uns – offen, ehrlich und voll Vertrauen. Es ist die einzige Instanz, die uns Klarheit geben kann, wenn diese auch nicht sofort in uns dämmern mag, denn weder die Meinung anderer noch selbst unser Verstand sind in diesem Fall kompetent.

Reichtum

Materieller Reichtum sei ein großes Hindernis auf dem Weg zur Selbstverwirklichung, sagen auch die Weisen. Wir kennen diese Behauptung, sind aber vielleicht etwas skeptisch: Soll das nicht etwa nur die Armen mit ihrem Schicksal versöhnen? Wir brauchen uns nur die Gurus oder andere Verkünder dieser Haltung anzuschauen, die im Reichtum nur so schwimmen, aber gerne möchten, daß wir Armut für erstrebenswert halten...

Doch die Tatsache, daß Reichtum fast alle lockt, ist kein Beweis dafür, daß er auch tatsächlich erstrebenswert ist. Ganz im Gegenteil. Schließlich wissen wir um die Anziehungskraft dieser Welt, und materieller Reichtum ist »von dieser Welt«. Schon deshalb sollten wir ihm gegenüber skeptisch sein. Er macht uns von sich abhängig, und hat damit Angst als Folge, wird aber das, was er verspricht, nicht erfüllen, versichern die Weisen. Ein Zuviel an materiellen Gütern ist vielmehr ein Ballast, ist eher peinlich als ein zu großer Schuh. Ein Zuwenig dagegen schmerzt wie ein zu kleiner Schuh. Das ideale Maß ist das, was wir brauchen – und das zu besitzen haben wir auch ein Recht. Reicht das nicht? Warum sollten wir hinter etwas herlaufen, was wir gar nicht brauchen? Für die Zukunft, werden wir vielleicht antworten. Schon hat uns Reichtum nicht nur zum Sklaven gemacht, sondern nährt auch noch Illusionen. Glauben wir wirklich, daß *wir* für die Zukunft sorgen können? Wenn wir es tun, ist Selbstverwirklichung in unerreichbarer Ferne; die Weisen haben *doch* recht.

Reinkarnation

Sollten wir schon häufiger auf der Welt gewesen sein? Die Weisen behaupten es, und auch bei uns halten es mehr und mehr zumindest für möglich. »Reinkarnation«, vor allem im Zusammenhang mit »Therapie«, ist inzwischen ein geläufiger Begriff. Viele versuchen, Zugang zu ihren früheren Inkarnationen zu finden, denn die Erinnerung ist normalerweise verschüttet. Das ist gut so, sagen die Weisen, damit wir uns relativ unbelastet unserer Aufgabe in diesem jetzigen Leben stellen können.

Was haben wir aber dann von der Information, daß es Reinkarnation gibt? Sie hilft uns ohne Zweifel, vieles zu verstehen, wofür wir bisher keine Erklärung fanden. Sie ist sozusagen eine recht nützliche »vorläufige Hypothese« für unsere Analyse dieser Welt. Doch die Weisen betonen vor allem einen anderen Aspekt: Es gibt einen Weg (den sie weisen) zur Vermeidung von Reinkarnation, und den sollten wir gehen, raten sie, denn ein Leben in der Welt ist im Vergleich mit dem, was für uns bestimmt ist, eindeutig die schlechtere Wahl. Um sie nun zu vermeiden, brauchen wir nicht in früheren Leben herumzustöbern. Das hilft höchstens unseren Spekulationen, warum wir heute so sind, wie wir sind, und birgt außerdem eine Gefahr in sich: den Stolz, etwas »Besonderes« gewesen zu sein (was häufig behauptet wird.) Auch frühere Leben hatten nur relative Existenz, wie dieses jetzige auch. Unser Hauptaugenmerk sollte aber auf das, was wirklich ist, gerichtet sein.

Schicksal

Schicksal – das heißt, es wird uns etwas geschickt. Über den Absender machen wir uns normalerweise keine Gedanken. »Schicksal« sagen wir, wenn wir annehmen, daß es so kommen mußte, wie es kam. Und was uns da alles so an Schlägen und Ereignissen ins Leben geschickt wird, dafür scheinen wir nicht verantwortlich zu sein. Warum es so ist, wie es ist, das ist uns ein Rätsel.

Die alten Weisen lösten dieses Rätsel. Sie sagen: Alles, was uns geschickt wird, wird uns aufgrund eines Gesetzes von Ursache und Wirkung geschickt. *Wir* sind für unser Schicksal verantwortlich, niemand sonst.

Schicksal ist nichts anderes als die Wirkung von Entscheidungen, die wir früher (auch in früheren Leben) frei getroffen haben – Entscheidungen darüber, was wir taten, sagten und dachten. Diese früheren Entscheidungen schufen unsere heutigen Umstände. Genauso schafft das, was wir heute denken, sagen und tun, unsere zukünftigen Umstände. Die Konsequenzen, die die Weisen uns bitten daraus zu ziehen, liegen auf der Hand:

– Entscheide dich heute für »gute« Gedanken (ja, auch Gedanken kann man wählen), Worte und Taten.

  Akzeptiere deine heutigen Umstände. Du hast sie dir selber zu verdanken. Dieses Akzeptieren hat nicht Passivität oder Fatalismus zur Folge. Vielmehr macht es uns frei von dem innerlichen Aufbäumen unerwünschten Situationen gegenüber, das uns oft die Energie für eine Veränderung dieser Situation raubt.

Schuld

»Und vergib uns unsere Schuld«, bitten Millionen von Christen Tag für Tag. Wir wundern uns vielleicht, wie man so regelmäßig Schuld auf sich laden kann, denn bei uns kommt das – glauben wir – nicht so oft vor. Doch die Weisen machen uns auf eine Schuld aufmerksam, die wir möglicherweise bisher noch gar nicht wahrnahmen: auf die Schuld, nicht in jedem Moment nach dem eigenen Gewissen zu leben. Das setzt natürlich voraus, daß wir »ein Gewissen haben«. Aber auch wenn wir es vielleicht nicht so bezeichnen – tief drin in uns wissen wir alle, was für uns gilt, und merken auch (klar oder nicht so klar), wenn wir dieses (Ge)Wissen betäuben. Glauben wir aber ganz ehrlich, kein Gewissen zu haben, können wir uns auch nicht schuldig machen, und wir werden sicher – was die Konsequenzen angeht – großzügiger behandelt.

Das klingt nach einem Vorteil, ist es aber nicht, behaupten die Weisen, denn ein solcher Mensch ist völlig orientierungslos in der Fremde, kann sich auf nichts verlassen, hat keinen Trost im Elend. Wenn wir aber bereits diese Stimme in uns kennen und die Weisheit des »Sprechers« schätzen gelernt haben, müssen wir uns nach ihr richten, fordern die Weisen. Wenn wir es nicht tun, machen wir uns schuldig und müssen die Konsequenzen tragen, die – von unserem Blickwinkel aus – hart erscheinen mögen, auch wenn sie mit Liebe zugeteilt und als Chance gedacht sind.

Schweigen

»Im Schweigen vollzieht sich innerliches Wachsen«, sagen die Weisen. Das dürfte uns erklären, warum wir so wenig innerlich wachsen, denn es ist für die meisten von uns gar nicht so leicht zu schweigen. Mit Schweigen ist nicht nur das Nicht-Reden gemeint – das dürfte uns noch leicht fallen, solange kein anderer da ist –, sondern vor allem ein innerliches Schweigen. Darin fehlt es uns wohl allen an Übung.

Kann man Schweigen eigentlich üben? Kommt es nicht vielmehr einfach über einen? Es stimmt: absolutes Schweigen ist die endgültige Zerstörung von unserem Mind und damit Erlösung, Erleuchtung oder wie immer wir den Zustand nennen mögen, den wir nicht kennen. Dieses Schweigen können wir nicht herbeiführen. Es muß uns aus Gnade gewährt werden. Und doch – wir können üben: Im stillen Wasser können wir uns selbst in etwa erkennen, im turbulenten Wasser dagegen besteht nicht einmal die Chance, ein Bild von sich zu gewinnen. Wir müssen das Wasser still werden lassen, und dafür ist auch das relative Schweigen eine Hilfe – ein Schweigen, zu dem wir beitragen können: Wir müssen versuchen (und nicht gleich Erfolg erwarten), »uns« zum Schweigen zu bringen und statt dessen den stillen Zuschauer in uns zu Wort kommen zu lassen. Er wird uns in seiner ruhigen Art in unserem Herzen vor allem versichern: *Ich bin.*

Sekten

Zu welcher Sekte gehörst du eigentlich? Diese Frage einem »ordentlichen« Menschen im Westen gestellt, kommt fast einer Beleidigung gleich. »Zu einer Sekte? – um Gottes willen, ich doch nicht!« Entweder man gehört zum »rechtmäßigen« Glauben oder zu gar nichts. Sekten sind schließlich etwas ganz Gefährliches, das man am besten unbesehen verdammt. Behüte Gott, daß ihnen unsere Kinder nicht verfallen. Dabei wissen wir meistens gar nicht, welchen Weg die verschiedenen Sekten weisen. Glauben wir wirklich, daß wir den einzig richtigen Weg gepachtet haben? Wenn ja, wer von uns? Die Katholiken, Protestanten, Anglikaner...?

Die Weisen sind großzügiger als wir. Sie sehen die Vielfalt der Sekten als einen Ausdruck der unendlichen Vielfalt im Universum. Es gibt viele Wege zu Gott – so viele, wie es Menschen gibt, und wir tun gut daran, unseren Weg herauszufinden. Das heißt nicht, daß es keine klare Richtung gibt. Gott selbst zeigt sie uns – in den Offenbarungen der verschiedenen Religionen, aber auch, wenn wir bereit sind zu hören, in unserem eigenen Herzen, und dort sogar ganz speziell für uns formuliert.

Die Religionen und Sekten geben zusätzlich Richtlinien in Form von Dogmen, Ritualen und ähnlichem, von denen einige für uns vielleicht hilfreich sind, andere nicht. Wir haben das Recht, unseren speziellen Weg herauszufinden. Haben wir dann nicht die Pflicht, anderen ihren eigenen speziellen Weg zuzugestehen?

Selbstbewußtsein

Es gibt wohl heute kaum jemanden, der nicht selbstbewußt sein will. Die Psychologen wären arm dran, wenn sich nicht so viele von uns für zu wenig selbstbewußt hielten. Wir haben ein Bild davon, wie sich Selbstbewußtsein auswirkt: sicheres Auftreten, angstfrei, vom eigenen Wert überzeugt..., aber haben wir je darüber nachgedacht, was selbstbewußt bedeutet?

Die Sprache ist oft weiser als wir ahnen: Was »bewußt« heißt, ist uns relativ klar: wir wissen um etwas – wir wissen um das Selbst. Was ist das Selbst? Wir haben inzwischen sicher gehört, daß das Universum ein einheitliches Ganzes ist und wir in Wahrheit nicht voneinander zu trennen sind – nur auf der Erscheinungsebene. Mein »persönliches Selbst«, mein Ich, ist also Schein. Mein wahres Selbst ist das alles durchdringende absolute Bewußtsein, ist Gott.

Die Weisen lassen daran keinen Zweifel. Sie raten: Sei dir immer dieses Selbsts bewußt. Mach dir keine Gedanken darum, wie du wirkst. Versuche nur, ständig an dein großartiges göttliches Selbst zu denken, ständig mit ihm in Kontakt zu sein – und du wirst keinen Psychologen mehr brauchen.

Selbstlosigkeit

Vielleicht sind wir uns nicht ganz im klaren darüber: Sollen wir selbstlos sein oder lieber nicht? Selbstlosigkeit mag früher einmal für eine Tugend gehalten worden sein, aber heute, im Licht der modernen Psychologie, scheint sie eher ein Krankheitsherd für Depressionen zu sein.

Für die Weisen gibt es allerdings keinen Zweifel. Sie raten uns, selbstlos zu sein; sie meinen damit in unserer bisherigen Terminologie: egolos. Wir haben vielleicht bisher noch gar nicht zwischen unserem Ego und unserem Selbst unterschieden, haben uns nur als unser Ego gesehen. Selbstlos sein würde dann bedeuten: uns ganz aufzugeben zugunsten von anderen. Die Frage ist berechtigt, warum wir das tun sollten. Schließlich sind wir auch aufgefordert, uns genauso wie die anderen zu lieben. Um das zu tun, müssen wir uns logischerweise behalten und nicht los-werden. Doch wenn wir nun wissen, daß unser Ego mit seinen Wünschen und Interessen gar nicht unser wirkliches Selbst ist, ja, daß wir unser Ego aufgeben müssen, um unser wahres Selbst zu verwirklichen, dann dürfte klar sein, daß wir »uns« nicht los-werden, wenn wir »selbstlos« sind. Im Gegenteil, Selbst(Ego)losigkeit in diesem Sinn enthüllt erst unser wirkliches Selbst – das wir mit allen gemein haben.

Selbstvertrauen

Aus dem zum »Selbstbewußtsein« Gesagten ergibt sich auch, was die Weisen zum Selbstvertrauen zu sagen haben: Du kannst deinem wahren Selbst völlig vertrauen. Sie raten dazu, es auch zu tun, sich ohne jede Einschränkung dem göttlichen Selbst hinzugeben und voll Vertrauen alles anzunehmen, was es einem gibt.

Ist das möglicherweise ein bißchen viel von uns verlangt? Wir wollen Selbstvertrauen haben – ja, das stimmt. Aber wir wollen wahrscheinlich lieber etwas vertrauen, das wir kennen, nicht etwas so Gegenstandslosem wie »unsichtbarer Energie« oder »absolutem Bewußtsein«. Unser Ich kennen wir inzwischen mit allen seinen Erfahrungen. Reicht es nicht, wenn wir diesem persönlichen Selbst vertrauen lernen? Diese Art von »Selbst«vertrauen hilft uns scheinbar in dieser Welt auch weiter – aber eben nur in dieser Welt, in der nichts von Bestand ist und am Ende der Tod steht. Wenn du den Weisen Glauben schenkst, daß es ein höheres Ziel für den Menschen gibt und daß sein Leben dazu da ist, dieses Ziel zu verfolgen – dann konzentriere dich auf dein wahres Selbst und vertraue ihm voll. Die Weisen versichern, daß du es nicht bereuen wirst.

Selbstverwirklichung

»Selbstverwirklichung ist das wichtigste Ziel der Bundesbürger« – das stellte kürzlich eine Meinungsumfrage fest. Jetzt fehlt nur noch die Umfrage, was unter Selbstverwirklichung verstanden wird. Es dürften dabei recht unterschiedliche und vor allem sehr verschwommene, unkonkrete Vorstellungen herauskommen. Bedeutet Selbstverwirklichung so etwas wie »kreativ sein«, »sich ausdrücken«, »tun, was man will«? Die Weisen sagen natürlich nein, denn Selbstverwirklichung ist unser Lebensziel, falls wir es noch nicht erkannt haben sollten.

Unser Selbst ist das absolute Bewußtsein, ist die Wahrheit, ist Gott. Es zu verwirklichen heißt, es für uns wirklich zu machen, genauso wirklich – beziehungsweise natürlich viel wirklicher, sagen die Weisen – wie wir unseren Körper oder unsere Umwelt heute als wirklich erfahren. Unser Selbst verwirklichen – das heißt nichts anderes und nichts Geringeres, als die Wahrheit zu realisieren – das höchste Ziel, das sich ein Mensch setzen kann. Wie schön, wenn die Bundesbürger dieses Ziel jetzt vor allem anderen anstreben, würden die Weisen sagen.

Sex

»Ich hab genug vom Konsum. Von jetzt an will ich nur noch Sex. Wer denkt ähnlich?« So etwa lautete eine Anzeige, auf die ich vor ein paar Jahren in einer Zeitschrift stieß. Was der Betreffende heute wohl macht? Der Zeitgeist hat sich geändert. Die sogenannte sexuelle Revolution wird inzwischen nüchterner und mit mehr Abstand gesehen: Sollte Sex etwa doch nicht gleichbedeutend sein mit dem Nonplusultra von Glück? Diese Frage darf wieder gestellt werden. Die Antwort der Weisen: Natürlich nicht! Wie könnte etwas, das temporär ist, wahres Glück sein?

Ohne Zweifel – im Bereich der relativen Wirklichkeit ist Sex *der* große Glücksverheißer. Die Weisen nennen ihn *die* große Versuchung, denn wir alle suchen nach dem echten Glück, und die Wünsche geben sich als Wegweiser aus, führen uns jedoch an den falschen Ort. Auch der Wunsch nach Sex, denn auf der materiellen Ebene, in der Welt, werden wir nie das Glück finden, das wir wirklich suchen, versichern die Weisen. Sie vergleichen das Glück, das die Befriedigung eines Wunsches gibt, mit dem Kratzen, wenn es juckt: Es tut gut, solange man kratzt, aber wenn es gar nicht jucken würde, wäre es noch besser. Sie geben uns Tips, wie der Juckreiz verschwinden kann, denn Kratzen macht ihn eher schlimmer. Wir werden dann unabhängig von der materiellen Ebene. Wenn man Sex das Liebesglück auf der materiellen Ebene nennen könnte, so gibt es ein Liebesglück auf der geistigen, transzendenten Ebene – und das ist »zehnmillionenmal schöner«, sagen die Weisen.

Sicherheit

Über Sicherheit wird heute viel geredet und auch darüber, wie man sie erreichen kann, denn daß Sicherheit ein grundlegendes Bedürfnis ist, wird zu Recht nicht in Frage gestellt. Aber was verstehen wir unter Sicherheit? Vermutlich die Sicherheit, daß unser Leben nach unseren Vorstellungen »glatt« verläuft. Das versprechen wir uns, wenn wir in einen größeren Zusammenhang eingebettet sind, von dem wir sicher sind, daß er uns nicht im Stich läßt. Dafür machen wir sogar Kompromisse, lassen uns zum Beispiel in einem »sozialen Netz« oder auch in einer Beziehung einfangen und versuchen so, das »Morgen« abzusichern.

Dem gegenüber steht die altbekannte Haltung der Weisen: Denke nicht an morgen, plane nicht im voraus, lebe im Moment, tue dein Bestes und nimm bereitwillig an, was auf dich zukommt. Die Weisen behaupten: Wir sind absolut gesichert, sind eingebettet in das allumfassende Bewußtsein, aus dem wir nie und nimmer herausfallen können, egal was uns scheinbar passiert. Wir müssen also nicht nach Sicherheit streben, sondern nur erkennen, daß wir sie bereits haben. Um das so sehen zu können, brauchen wir allerdings Vertrauen – Vertrauen zu Gott, daß Er sich wirklich um uns kümmert (was Er ohne Zweifel tut, wenn Er sich selbst um Lilien kümmert). Die Sicherheit, die aus solchem Vertrauen kommt, läßt uns dann beruhigt in der Gegenwart leben – da, wo es sich zu leben lohnt.

Spirituelle Erfahrung

Spirituell wird eine Erfahrung gewöhnlich dann genannt, wenn sie über das normale Bewußtsein hinausgeht und sich eine andere als die gewohnte Wirklichkeit auftut, wie zum Beispiel bei Visionen. Solche Erfahrungen sind heute offensichtlich »in« und werden mit verschiedenen Techniken hervorzurufen versucht. Sie können zweifellos auch eine Hilfe sein, die Relativität dieser physikalischen Welt zu erkennen, doch sie können auch ein Hindernis sein, und das betonen die Weisen – ein Hindernis in dem Sinn, daß wir an dieser Art Erfahrung Gefallen finden, daran hängenbleiben oder uns in sie hineinsteigern.

Eine spirituelle Erfahrung bewegt sich in einer anderen als der gewohnten, aber immer noch in einer relativen Wirklichkeit, die genauso Scheinwelt ist wie unsere materielle Welt, auch wenn sie noch so große Faszination ausstrahlt. »Wer seinen Geist nicht fest im Griff hat, kann alles mögliche sehen und hören«, so kommentierte eine weise Inderin überraschend einen Bericht über eine stundenlange spirituelle Erfahrung. Wir sollten also solche Erfahrungen nicht suchen, ja nicht einmal darauf hoffen, und wenn sie kommen, sie dankbar annehmen, aber nicht daran hängenbleiben und vor allem nicht darüber reden außer mit dem Guru. Mit diesem Rat wollen uns die Weisen vor persönlicher Stagnation und der Gefahr des spirituellen Wettbewerbs schützen.

Spiritueller Weg

Es wird heute viel vom spirituellen Weg geredet – davon, daß die Rettung der Welt möglicherweise davon abhängt, wie viele ihn gehen. Aber können wir uns unter diesem »geistigen« Weg etwas vorstellen? »Weg« – so die Weisen – ist im Grunde irreführend, denn das Ziel, zu dem wir wollen (zu unserem Selbst), und der Ort, an dem wir stehen (bei unserem Ego), sind so nah beieinander, daß für einen Weg kein Platz ist. Sie sind einander so nah wie das Schmuckstück und das Gold. Wir müssen nur richtig schauen – sehen, daß in Wahrheit alles eins und unsere getrennte Existenz Schein ist.

Doch um richtig sehen zu lernen, bedarf es offenbar eines Weges und der Zeit, um den Brennpunkt unserer Aufmerksamkeit zu verschieben, weg vom Schmuckstück hin zum Gold. Der spirituelle Weg soll dahin führen, sich der Einheit von allem bewußt zu werden. Was ist dabei unsere Rolle? Die Weisen antworten, wir können nichts tun, denn alles ist Gnade, wir müssen uns bis an unsere Grenze anstrengen. Der Widerspruch klärt sich: Solange wir glauben, etwas tun zu können, solange müssen wir unser Bestes tun, alle unsere »Instrumente« für die Suche nach der Wahrheit einsetzen. Erst wenn wir ganz ehrlich wissen, daß wir nichts tun können, dürfen wir uns voll Vertrauen »lassen«.

Sterben

Lerne im Leben das Sterben, raten uns die Weisen. Das dürfte für unsere Ohren etwas schockierend klingen. Sterben – ist das nicht das Gegenteil von Leben, und wollen wir nicht leben?

Was wir unter Leben verstehen, ist nicht das wirkliche, volle Leben, sagen sie. Wir haben gar keine Vorstellung von diesem vollen Leben, zu dem der Mensch fähig, ja zu dem er berufen ist. Wir klammern uns statt dessen an dieses »tote Leben«, das wir kennen und in dem unsere Wünsche die Hauptrolle spielen. Für wirkliches Leben ist Sterben die Voraussetzung – ein Sterben für die Welt und ihre Freuden und damit ein Sterben für Angst, Gier, Haß... ein Sterben für »mich« und »mein«, ein Sterben für alles, was nicht wahr ist.

Dieses Sterben lernen ist sicher nicht leicht, doch wir alle sind dazu aufgerufen, damit wir schließlich unser Erbe – das Leben in unvorstellbarer Fülle – antreten können. Das physische Sterben gibt uns, so könnte man sagen, Hilfestellung. Es erinnert uns, daß wir alles in dieser Welt aufgeben müssen, ja es zwingt uns zu diesem Aufgeben, auch wenn wir freiwillig dazu noch nicht bereit sind. Könnten wir nur loslassen – wirklich loslassen – alles wäre gleichermaßen willkommen, und wir wüßten, daß uns alles in Wahrheit überhaupt nicht berührt, auch nicht das physische Sterben.

Tod

Tod – der große Schrecken? Das Ende von allem? Das Ende vom Leben? Ganz im Gegenteil – sagen die Weisen. Was wir normalerweise unter Tod verstehen, gibt es gar nicht. Mit dem Tod hören wir nicht auf zu existieren, selbst wenn wir uns das wünschten. Ohne Zweifel, der Körper, an den wir uns in diesem Leben gewöhnten, ja selbst die zur Schau gestellte Persönlichkeit wird »abgeworfen«, denn alles, was einen Anfang hat, muß auch ein Ende haben. Doch dem sollten wir nicht nachweinen, denn ein Kampf gegen das Unabänderliche ist vergeudete Energie.

Warum sollten wir uns zum Beispiel an einen altgewordenen Körper klammern, der uns in der Regel nur im Wege steht? Mit der Geburt steht der Todesmoment bereits fest, sagen die Weisen, und sie vergleichen das Leben in dieser Welt mit dem Spiel auf einer Bühne: Der Vorhang geht auf und nach einer bestimmten Zeit geht er unweigerlich zu – unser Part ist zu Ende, nicht jedoch das, was wir in Wahrheit sind. Wir erhalten eine Pause, bis das Spiel von neuem losgeht, mit einem anderen Körper und anderen Persönlichkeitszügen. Vor der Pause, für die der Tod sozusagen die Geburt ist, brauchen wir keine Angst zu haben, sagen die Weisen – ganz im Gegenteil!

Trauer

Eine Mutter war über den Tod ihrer kleinen Tochter mehr als untröstlich, über Jahre hinweg. Eines Nachts hatte ihr Mann einen Traum: Er sah seine Tochter – blumengeschmückt in wunderbarer Umgebung – auf ihn zukommen und sagen: »Ich kann Mamas Leid nicht länger mit ansehen. Ich komme zu euch zurück.« Monate später brachte seine Frau ein Mädchen zur Welt...

Ob wir diese indische Geschichte für wahr halten oder nicht: die Weisen behaupten, Trauer kann den Verstorbenen behindern, und fordern uns auf, den Mut zu haben, loszulassen, denn Trauer ist ein Zeichen dafür, wie sehr wir an jemandem hängen, nicht wie sehr wir ihn lieben – und das verwechseln wir häufig. In unserer Gesellschaft gilt es daher nicht einmal für erstrebenswert, nicht zu trauern, im Gegenteil, eher als »verdächtig« – und das fördert es, guten Gewissens in der Trauer regelrecht aufzugehen, ihr zu leben. Sicher, solange wir an jemandem oder an etwas hängen (und das tun wir wohl alle), ist Trauer bei Verlust nur natürlich. Sie kann sogar eine wahre Naturgewalt werden, die sich verselbständigt ihre Bahn bricht. Doch wenn wir ehrlich sind, gibt es auch in der tiefsten Trauer Momente, in denen wir die Chance haben, Mut zu zeigen und loszulassen, und die sollten wir nutzen, raten die Weisen – auch in unserem eigenen Interesse.

Umgang

Wir wissen es selbst: Umgang färbt ab. So, wie die Leute sind, mit denen wir zu tun haben, sind wir auch; zumindest mehr oder weniger. Der verständliche Rat der Weisen: Meide schlechte Gesellschaft wie Gift. Ja, sie gehen noch weiter und machen damit deutlich, wie ernst es ihnen ist: Wenn deine Arbeit schlechten Umgang erfordert, gib lieber deine Arbeit auf. Was ist nun aber »schlechter« Umgang? Sind nicht alle Menschen »im Grunde göttlich und damit guter Umgang?« Es stimmt, sagen die Weisen, doch bei einigen scheint dieser »Grund« klar durch, während er bei anderen vor lauter Illusionen nicht zu sehen ist. »Schlecht« sind also Menschen für uns, die sich keine Gedanken darüber machen, was Wahrheit ist, die lieber die Illusion für Wahrheit halten und gar nicht wissen, worum es im Leben wirklich geht. Sie werden deshalb von ihrem ungezügelten Denken und Fühlen hin- und hergetrieben, glauben aber oft, die Weisheit allein gepachtet zu haben. »Guter Umgang« dagegen sind Leute, die wissen, worum es wirklich geht, und die versuchen, diesem Wissen entsprechend zu leben. Solche Leute gibt es ohne Zweifel auch bei uns, aber vielleicht wissen wir nicht, wie in Kontakt mit ihnen zu kommen. Es reicht aus, sagen die Weisen, wenn wir das Alleinsein dem schlechten Umgang vorziehen, und dann – mit unserem Selbst allein – auf seine Stimme hören. Dann ergibt sich auch der gute Umgang zur rechten Zeit »von selbst«.

Urteil

Es ist leicht zu erkennen, daß wir in einer Welt der Dualität leben: an unserem Urteil. Es ist fast unsere zweite Natur, und mehr oder weniger bewußt urteilen wir über alles, was uns begegnet – vor allem natürlich über andere. Dabei sagt nicht nur die Weisheit Indiens, sondern auch unsere eigene Tradition mit großem Nachdruck: Urteile nicht, denn du bist nicht kompetent für ein Urteil. Wir halten diesen Rat schlicht für unrealistisch, wenn nicht sogar für gefährlich, denn müssen wir nicht ständig urteilen, schon allein um uns und andere vor dem Schlechten, dem Schwarzen zu schützen?

Die Weisen vermuten, daß wir da etwas verwechseln. Es stimmt, sagen sie, wir müssen uns schützen – aber nicht vor dem Schlechten und dem Schwarzen, sondern vor der falschen Vorstellung von Wirklichkeit, in der es das Schlechte und das Schwarze gibt. Das Urteil hilft uns dabei nicht; im Gegenteil: es lebt von Dualität und Trennung und läßt diese falsche Vorstellung fortdauern. Wir brauchen zu diesem Schutz etwas anderes, nämlich die Fähigkeit zu unterscheiden,

1. ob etwas wahr ist oder nur Schein,
2. ob etwas gut ist oder nur angenehm und

3. ob etwas ewig ist oder nur temporär.

Wenn wir diese drei Fragen stellen, statt über Dinge und Menschen zu urteilen, haben wir die Chance, statt der Trennung die Einheit, statt dem Schein die Wahrheit zu sehen.

Verantwortung

Ist es nicht verantwortungslos, Yoga zu machen, zu meditieren oder gar nach Indien zu gehen und die Augen vor den brennenden Weltproblemen zu verschließen? Der Vorwurf ist bekannt und wird nicht nur einzelnen, sondern oft pauschal der östlichen Weisheit gemacht. Zu Unrecht, wenn wir überlegen, wo eigentlich unsere Verantwortung liegt: Du bist nur für das verantwortlich, was du ändern kannst, sagen die Weisen – aber dafür *bist* du verantwortlich. Was können wir aber ändern?

Die Weisen sagen, unsere Haltung, unsere Einstellung, und erinnern uns damit an die abendländische Tradition. Die Konsequenz ist möglicherweise unangenehm für uns: Wir sind verantwortlich für unseren Haß, Ärger, Neid, den Klatsch – kurz für alles, wo wir lieber nicht so genau hinschauen. Sind wir nicht äußerst geschickt in diesem »drüber hinwegschauen«? Wir erklären kurzerhand unsere negativen Gefühle für »verantwortlich«: *Wir* verschließen nicht die Augen vor den brennenden Weltproblemen, sondern regen uns jedesmal wieder darüber auf. Das ist sicher überspitzt formuliert, doch Verantwortung im Sinne der Weisen bedeutet tatsächlich, bei uns selbst anzufangen, genau hinzuschauen. Das ist der einzige Hebel, mit dem wir etwas ändern – ein effektiver Hebel, der, wenn radikal und kompromißlos angesetzt, die Welt aus den Angeln heben kann.

Vergänglichkeit

»Alles ist vergänglich.« Wir sagen das gewöhnlich mit einem Stoßseufzer, scheinen es aber selbst nicht zu glauben. Wie sonst könnten wir uns auf der Welt einrichten, als ob wir hier zu Hause wären? Doch die Weisen sagen, daß uns offensichtlich die Fähigkeit der Unterscheidung fehlt, denn sonst würden wir uns anders verhalten, nicht mehr hinter dem Vergänglichen herlaufen. Unsere Ahnung stimmt: *Nicht alles* ist vergänglich, und wir sollten uns die Mühe machen, herauszufinden, *was* das ist. Wenn wir uns aber die Welt anschauen, müssen wir feststellen, daß alles vergänglich ist. Alles, was der Zeit unterliegt, wird langsam aber sicher auch von ihr aufgefressen, selbst Berge oder Steine, ganz abgesehen von unseren glücklichen Augenblicken – und schließlich sogar »wir selbst«.

Hier raten uns die Weisen, innezuhalten und ausgiebigst darüber nachzudenken, daß alles vergänglich ist. Ja, wir sollten uns sogar vorstellen, wie wir im Grab liegen und allmählich zerfallen... Dann sollten wir danach forschen, wer es ist, der dieser ganzen Vergänglichkeit zuschaut. *Er* ist nämlich nicht vergänglich, Er bleibt unberührt von der Zeit, Er scheint »ewig jung« durch unseren Intellekt und aus unseren Augen. *Er ist wir*, sagen die Weisen. Wir selbst sind also nicht vergänglich! Doch bevor wir aufatmen, sollten wir uns klarmachen, daß »wir« tatsächlich vergänglich sind, wenn wir uns mit Körper und Mind identifizieren.

Versuchung

»Führe uns nicht in Versuchung«, bitten vermutlich Millionen Christen jeden Tag mehr oder weniger bewußt. Im Osten formuliert man das gleiche Anliegen etwa so: »Führe uns aus der Ignoranz.« Doch geht es um das gleiche? Ist Versuchung nicht pauschal etwas Schlechtes, während Unwissenheit eher neutral ist?

Die Weisen sagen: Es gibt nichts Schlechtes an sich, etwas wird vielmehr schlecht, wenn es uns weg von Gott führt, denn alles, was uns weg von Gott führt, hat Leid zur Folge statt Glück. Doch Ignoranz ist es, die uns wieder und wieder solche Wege gehen läßt – auf der Suche nach dem vermeintlichen Glück.

Schauen wir uns die Versuchung genauer an: Wir ver-suchen nach dem Glück, wo es nicht ist, das heißt, wir suchen in der falschen Richtung, genauso wie wir uns ver-fahren, ver-laufen (oder ver-lieben?) können. Die größten Ver-suchungen sind ohne Zweifel die derzeit hochgeschätzten »Erfolgsziele« Sex, Reichtum und Macht – denen in etwa Lust, Gier und Ärger entsprechen, die in den alten Schriften als die drei Tore zur Selbstzerstörung beschrieben werden. Jeder Mensch strebt nach Glück, und das ist sein gutes Recht, ja seine Natur. Doch aus Ignoranz und weil der Schein trügt, ver-sucht er es ständig in der Welt statt in sich selbst. Das Wissen um diese Ver-suchung kann der Anfang sein, in der richtigen Richtung suchen zu wollen: »Führe uns nicht in Versuchung!«

Weltfremd

Wir halten gewöhnlich nicht viel von jemandem, den wir als weltfremd bezeichnen. Werden wir nicht selbst weltfremd, wenn wir uns tatsächlich danach richteten, was die Weisen sagen? Vielleicht sollten wir uns genauer anschauen, was wir und was die Weisen unter weltfremd verstehen. Für uns bedeutet es in etwa: nicht in der Welt zurecht kommen, unrealistische Vorstellungen haben. Für die Weisen bedeutet es dagegen: dem Schein, nämlich der Welt, fremd und dafür der Wirklichkeit nah sein. Sie betonen immer wieder: Das, was wir als Welt wahrnehmen, ist nur Schein, der die Wirklichkeit verhüllt.

Wir können ihnen glauben, versichert uns selbst unsere Wissenschaft. Der Schein gibt sich als Realität aus, aber dieser Täuschung sollten wir nicht mehr zum Opfer fallen. Schließlich wissen wir ja, daß es eine Täuschung ist. Statt dessen sollten wir zur wahren Realität vordringen, wahrhaft realistisch werden.

Doch ein Zweifel bleibt möglicherweise: Angenommen, wir würden im Sinne der Weisen welt-fremd realistisch –, kämen wir dann noch in der Welt, in der wir uns ja alle befinden, zurecht? Die Weisen behaupten, wir kämen erst dann wirklich zurecht. Erst dann sind wir angst- und illusionsfrei und können unser Erbe, das uns zusteht, antreten: wunschlos glücklich zu sein.

Wille (freier)

Wir kennen sicher alle die Diskussion, ob der Mensch einen freien Willen hat oder nicht. Wenn wir in uns hineinhorchen, werden wir letztlich doch zu dem Schluß kommen, daß wir einen freien Willen haben, auch wenn wir zugleich ahnen, daß es Einschränkungen für diesen freien Willen gibt.

Die alten Weisen helfen uns zu sehen, wo wir uns frei entscheiden können und wo nicht. Sie sagen: Der Mensch hat einen freien Willen, aber dieser freie Wille ist nur für einen bestimmten Bereich zuständig: für unseren inneren Zustand. Auf unsere äußere Situation hat er wenig Einfluß. Diese äußere Situation kam zustande aufgrund früherer freier Entscheidungen (siehe »Schicksal«). Doch in bezug auf unsere heutige innere Situation haben wir die freie Wahl: für das Gesetz oder gegen das Gesetz beziehungsweise für Gott oder gegen Gott. Wie wichtig diese Wahl für unser Leben ist, sehen wir vielleicht gar nicht. Aber sie ist immens wichtig, sagen die Weisen. Von ihr hängt ab, ob wir unser Lebensziel erreichen. Dieses Ziel ist nichts Geringeres als die bewußte Vereinigung mit dem absoluten Bewußtsein, mit Gott.

Wirklichkeit

Vielleicht hatten wir einmal plötzlich eine Idee: Was, wenn mein Leben auch nur wie ein Traum ist? Wenn wir merkten, daß wir absolut keine Beweise dafür haben, daß dieses Leben wirklicher ist als ein Traum? Wir wissen schließlich, wie wirklich für uns ein Traum ist, wenn wir ihn träumen.

Die Weisen raten, diese Idee ernst zu nehmen und ihr nachzugehen. Sie sagen, was wir mit harter Wirklichkeit bezeichnen, ist gar nicht *die* Wirklichkeit – sie ist tatsächlich mit einem Traum vergleichbar. Nur, im Traum schaffe »ich« die Landschaft, die Menschen und alles andere. Das alles bezieht seine »Existenz« von mir und fällt beim Aufwachen wieder in mir zusammen.

Diese Universum mit allem, was darin ist, – so könnte man vergleichend sagen – ist der Traum von Gott. Alles geht aus Ihm hervor, und das Ziel ist, in Ihn zurückzufallen – aufzuwachen und zu »realisieren« (= wirklich sehen), daß alles Gott ist. Die Wissenschaft kann uns helfen, diese Ansicht besser zu verstehen. Sie sagt: Das ganze Universum ist ein einheitliches Ganzes. Es gibt in Wirklichkeit keine getrennten Objekte oder Existenzen. Anders ausgedrückt: Die Einheit (Gott) ist wirklich, die Mannigfaltigkeit der Welt ist Schein.

Wünsche

Wünsche sind die Ursache von all unserem Elend – das sagen die Weisen. Sie machen allerdings eine Unterscheidung: Wünsche, die sich auf diese Welt beziehen – zum Beispiel der Wunsch, auf einer Südseeinsel zu leben oder auch nur jetzt und hier (verdammt noch mal!) einen freien Parkplatz zu finden, müssen für eine Weile ersetzt werden durch den Wunsch, diese »weltlichen« Wünsche zu überwinden.

Dieser Wunsch, die Welt an sich zu überwinden und nur noch Gottes Willen zu tun, muß sogar so stark werden, daß daneben alles andere unwichtig wird. Doch erst, wenn auch dieser Wunsch von uns abfällt, werden wir die Wahrheit wirklich sehen, sagen die

Weisen. Den Zeitpunkt dafür können wir nicht bestimmen. Es geschieht, wenn wir reif dafür sind – das Gesetz macht keine Ausnahme.

Wünsche sind *das* große Hindernis für das absolute (wunschlose) Glück – auch wenn sie sich natürlich völlig anders präsentieren als Wegweiser zum Glück. Doch das Glück, das sie weisen, ist ein Glück für einen kurzen Moment. Sind wir wirklich weise, für diesen Moment Sklave unserer Wünsche zu bleiben? Zugegeben, wir sind die Sklaverei gewöhnt und haben Angst, uns um die Entlassung zu bemühen – unnötige Angst!

Wunder

Ist es ein Wunder, wenn die Sonne aufgeht? Die Inder sagen ja und begrüßen sie ehrfurchtsvoll. Wir sagen nein und ignorieren sie. Ist es ein Wunder, wenn jemand eine Uhr aus dem Nichts hervorzaubert? Die Inder sagen ja, aber es lohnt sich kaum, darüber zu reden. Wir sagen auch ja und finden, *darüber* lohnt es sich zu reden. Ob wir möglicherweise ein gestörtes Verhältnis zu Wundern haben? Als Wunder bezeichnen wir nur, was nicht in die von uns gefundenen Gesetzmäßigkeiten paßt – und übersehen dabei die wunder-volle Welt.

Doch die Frage bleibt: Gibt es Wunder in unserem Sinn? Die Weisen behaupten, daß es »natürlich« Wunder geben kann, denn alles ist möglich. Dieses Universum ist eine sich ständig erneuernde Schöpfung Gottes. Sollte jemand, der die Einheit mit Gott verwirklicht hat, nicht eine Uhr manifestieren können? (Allerdings, warum sollte er? Ihm gehören – Er ist – alle Uhren dieser Welt...)

Doch nicht nur selbstverwirklichte Menschen sind zu Wundern fähig. Die Weisen unterscheiden noch zwei andere Gruppen: Menschen, die sich die Fähigkeit zu Wundern regelrecht erarbeiten, und Menschen, zu denen diese Fähigkeit ungesucht kommt. Beiden Gruppen raten die Weisen davon ab, Wunder zu tun – im Interesse der eigenen spirituellen Entwicklung, denn die Gefahr ist groß, daß das Ego diese Fähigkeit für sich in Anspruch nimmt und so an Stärke gewinnt.

Yoga

Das ganze Leben ist Yoga, heißt es auch heute noch in Indien, denn das Leben ist dazu da, die Wahrheit zu realisieren, und Yoga ist der Weg und gleichzeitig das Ziel. Das klingt anstrengend, denn unter Yoga verstehen wir gewöhnlich, daß wir »etwas tun müssen«, auch wenn wir inzwischen nicht mehr nur an Gymnastik denken. Es stimmt, sagen die Weisen, Anstrengung ist erforderlich, und die mag gerade am Anfang schwerfallen – doch lassen wir uns zum Beispiel vom Tennisspielen abhalten, weil es anstrengend ist? Voraussetzung ist natürlich, wir mögen Tennisspielen. Auf diese Voraussetzung kommt es auch beim Yoga entscheidend an: Wir müssen die Wahrheit realisieren *wollen* – und wenn das der Fall ist, birgt die Anstrengung die Belohnung in sich.

Yoga heißt Vereinigung und meint die Vereinigung unseres begrenzten Ich mit dem unbegrenzten Selbst. Es geht nicht darum, die Einheit herzustellen, denn sie war nie entzwei. Es geht darum, die Einheit zu »sehen« – und den Prozeß des Augenöffnens verspricht Yoga zu fördern – mit unterschiedlichen Hinweisen je nach Persönlichkeitsstruktur: Für den Verstandesmenschen mit Jnana-Yoga, für den Gefühlsmenschen mit Bhakti-Yoga und für den Tatmenschen mit Karma-Yoga, deren Essenz jedoch gleich ist, nämlich: Sei dir ständig deines Selbsts bewußt.

Zeitvertreib

Warum wir heutzutage glauben, uns die Zeit vertreiben zu müssen, dürfte den Weisen unverständlich sein, denn eins ist sicher: die Zeit läuft auch ohne unser Zutun immer weiter, hält keinen Moment an, frißt allmählich unser Leben auf. Beschleunigen können und wollen wir wahrscheinlich den Prozeß auch nicht. Ob wir also mit Zeitvertreib etwas anderes meinen? Wollen wir vielleicht das Bewußtwerden von dem, was ist – von uns selbst – vertreiben? Dieses Bewußtwerden »droht« uns vor allem dann, wenn wir gerade nicht beschäftigt sind, nichts zu tun haben, nicht von uns selbst ab-gelenkt werden.

Das macht vielen Angst. Aber unsere Gesellschaft kümmert sich schließlich um ihre Mitglieder: mit Fernsehen oder Unterhaltung anderer Art wird über solche Momente hinweggeholfen, wird die Zeit vertrieben.

Doch die Weisen raten uns, statt diese Zeit zu vertreiben oder totzuschlagen, sie zu nutzen – gerade die Zeit, in der wir nichts zu tun haben. Wenn wir sie mit Aktivität nur um der Aktivität willen füllen, können wir nie in Kontakt mit unserem wirklichen Selbst kommen, denn dazu brauchen wir Ruhe, Beschaulichkeit und Schweigen. Gerade das dürfte uns etwas schwer fallen. Doch unser Selbst hilft uns, garantieren die Weisen, wenn wir nur Geduld haben und den guten Willen, nicht mehr vor Ihm davon, sondern vielmehr in Seine Richtung zu laufen.

Zufall

Es gibt keinen Zufall – das sagen die alten Weisen mit größter Bestimmtheit, zumindest nicht *den* Zufall, wie wir ihn heute kennen. Diese Aussage der Weisen könnte uns leicht schockieren, wenn wir bedenken, wofür heute der Zufall alles herhalten muß: Die Entstehung des Universums – Zufall! Die Entstehung von Leben – Zufall! Meine »Entstehung« – Zufall!

Zufall – diese Pseudoerklärung benutzen wir, wenn wir nicht wissen, warum etwas so ist, wie es ist. Zufall heißt für uns, daß es eben so uns oder wem auch immer unabsichtlich zufiel. Es steckt kein Plan, kein Gesetz dahinter.

Hier korrigieren uns die Weisen. Sie sagen: Alles, was uns zufällt, fällt uns aufgrund eines ewigen, unabänderlichen Gesetzes zu. Hinter jeder noch so trivialen Begebenheit steckt ein Plan. Ob ich den Freund »zufällig« in der Stadt treffe, ob der Prüfer beim Examen »zufällig« die Frage stellt, auf die ich vorbereitet bin – das alles muß so sein, auch wenn wir annehmen, daß es genausogut anders hätte kommen können. Es hätte *nicht* anders kommen können, sagen die Weisen. Es war für uns so bestimmt, denn auch die »zufälligen« Ereignisse sind uns geschickt, sind Schicksal.

Zuschauer

Als Zuschauer haben wir im Westen heutzutage Übung. Wir sind fast Experten, wenn wir bedenken, wieviele Stunden viele von uns vor dem Fernseher, im Theater oder Kino mit Zuschauen verbringen. Auch die Weisen raten uns dazu, Zuschauer zu sein, allerdings mit einer Blickpunktverschiebung: statt *anderen* sollten wir *uns* zuschauen, denn auch wir vollbringen täglich schauspielerische Leistungen auf der Weltbühne, und wir sollten uns über unser Spiel im klaren sein. Wie sonst könnten wir entdecken, ob wir »gut« spielen. Um unser Spiel zu verbessern – vorausgesetzt wir wollen es – müssen wir unsere schwachen Stellen erst einmal *sehen*.

Doch vielleicht macht uns der Rat der Weisen etwas Angst: Können wir überhaupt noch intensiv leben, wenn wir sozusagen ständig neben uns stehen? Sind wir dann nicht eine »gespaltene Persönlichkeit« und landen zum Schluß noch in der Psychiatrie? Wir sollten danach forschen, wer es ist, der »intensiv lebt«, und wer, der zuschaut, denn was wir gewöhnlich unter »intensiv leben« verstehen, heißt, sich in Gedanken und Gefühlen aufzulösen. Doch Erlösung bedeutet nicht, sich *im* Mind aufzulösen, sonden *den* Mind auflösen. Dazu müssen wir wach und aufmerksam bleiben. Der Zuschauer in uns bleibt wach. Mit ihm sollten wir den Kontakt halten, denn er ist der Repräsentant von uns(erem) Selbst – bis er sich schließlich selbst als unser Selbst zu erkennen gibt.

Zweifel

Wenn es aber nun doch keinen Gott gibt? Oder wenn wir ihn zumindest nicht erreichen können? Sollten wir nicht doch lieber bequem leben und uns nicht darum kümmern, was die Weisen sagen? Dieser Zweifel kann sich leicht einschleichen.

Die Weisen vergleichen den Zweifel im Kopf mit dem Dorn im Fuß oder dem Stein im Schuh – wir müssen ihn loswerden, denn so zu tun, als ob er nicht da wäre, hilft uns nicht weiter. Schauen wir uns genauer an, woran wir zweifeln: Ob es Gott überhaupt gibt? Wir leben heute in einer Zeit, in der es »wissenschaftlich erwiesen«

ist, daß die Welt anders ist, als sie scheint, daß alles eins ist. Die Weisen nennen dieses Eine Gott – und am Namen soll es sicher nicht liegen. Bleibt der Zweifel, ob dieses Eine, in dem wir zweifellos enthalten sind (wie eine Portion in einer großen Menge Pudding?) und dessen Großartigkeit außer Frage steht, auch tatsächlich für uns als *die* Wirklichkeit erfahrbar ist. Die Weisen behaupten: ja. Es spricht für sie, daß sie zu der Erkenntnis »alles ist eins« nicht mit Hilfe eines Elektronenbeschleunigers, sondern aufgrund ihrer eigenen Erfahrung kamen. Trotzdem, können wir *wissen,* daß sie recht haben? Wir können es, wenn wir offen und ehrlich in uns hineinhorchen, denn dort, in unserem Herzen, ist alle Weisheit enthalten – vielleicht gut vergraben, aber wir können den Schatz heben. Vorausgesetzt, wir wollen!